ジン カクテル
Gin Cocktails

いしかわ あさこ

STUDIO TAC CREATIVE

JN070714

Contents

目 次

ジン カクテル
Gin Cocktails

個性あふれる自由なスピリッツ、ジン

ジュニパーベリーをご存知でしょうか？　爽やかでシャープ
なキレと甘味、ほろ苦さがあり、まるで森林を思わせるような
香り。ヒノキ科の針葉樹「セイヨウネズ」の実で、見た目はブ
ルーベリーに近いです。この実を乾燥させたものが、まさにジ
ンにとって重要なスパイス。というのも、ジンの基本的な定義が
「ジュニパーベリーの香りを主体としたスピリッツ（蒸溜酒）」
だから。ジンは、ベーススピリッツ（※）にジュニパーベリーをは
じめとしたさまざまなボタニカル（植物）の香味を付けて造ら
れます。

　一般的には大麦、ライ麦、小麦、トウモロコシ、サトウキビと
いった原料からベーススピリッツが造られ、ジュニパーベリー
やコリアンダー、カルダモン、キャラウェイなどの種子、アンジェ
リカ、オリス、リコリスなどの根、レモンやオレンジなどのピール
がボタニカルとして使われますが、その原料やボタニカルを選
ぶ自由度の高さがジンの面白いところ。リンゴやブドウ、ライチ、
米などを用いたベーススピリッツに、その土地で収穫されたボ
タニカルの香味を付けた個性豊かなものも次々と誕生してい
ます。日本で使われる素材としては、柚子、山椒、生姜、檜、緑
茶、桜花、紫蘇、クロモジなどがあり、まるで現地の風景が思
い浮かぶような地域性を感じるオリジナリティに富んだジンが
各地で味わえるのも大きな魅力でしょう。

　小規模生産の蒸溜所に限らず、大手メーカーでも使われ
るようになった「クラフトジン」という言葉は国内でも浸透し、定
番カクテルのジントニックが改めて脚光を浴びています。いろ
いろなジンに触れて、バーや自宅で楽しめるお気に入りの一
本を見つけましょう!

　　※**ベーススピリッツ**:ボタニカルの香味を付ける前の、ジンのベースとなるスピ
　　　リッツ。穀類などを原料に、アルコール度数を95％以上まで蒸溜したほぼ
　　　無色無味のニュートラルなスピリッツを用いることが多い。

世界的なジンブームと、その背景

　もともとは小規模、手造りといった意味合いの強かった"クラフト"ジンですが、先述したように今では大手メーカーでもこの言葉を前面に打ち出しており、これまでより手を掛けて造られたものという印象を与えています。2000年に発売された「タンカレー　ナンバーテン」をはじめとするプレミアムジンと呼ばれるものから、少しずつ個性的なものへとシフトしてきたジン。日本では2014年にジン専門蒸溜所として京都蒸溜所が設立され、「季の美　京都ドライジン」を発売してから徐々にその火がついてきました。以前から世界中でカクテルベースとしても人気がありましたが、どうしてこんなに注目されるようになったのでしょうか。

　その背景のひとつには、ウイスキーブームがあります。1995年頃からシングルモルトが市場に多く出回るようになり、欧米や日本で人気が出始めました。大量生産が可能で飲みやすいブレンデッドウイスキーから、独特な風味を持つシングルモルトへと、人々の興味が移り変わっていったのです。2000年代前半になると、世界的なコンペティションでジャパニーズウイスキーが次々と受賞するように。欧米や日本に限らず、インド

や中国などでもウイスキーが大量に消費され、世界各地で新しい蒸溜所とウイスキーが誕生しました。そして今や馴染み深いハイボールが日本でブームになったのが2009年。日本においてはおよそ25年も低迷し続けたウイスキーは需要の減少から生産量を抑えていましたが、急激に売上を伸ばしたことでたちまち原酒不足に陥ってしまいました。ウイスキーは基本的に熟成期間が必要で、高品質なものを短期間で製品化することは難しいのです。そこで、ウイスキー蒸溜所やウイスキー事業に参入しようと考えていた企業が目を向けたのがジンでした。

　ジンは熟成する必要がなく、ベーススピリッツやボタニカルでその特徴を表現することができます。日本では古くから焼酎や泡盛が造られていたため、その知識や技術を用いてジンを造り始める蒸溜所が登場しました。それだけでなく、日本酒の酒蔵や食品製造会社、医薬品製造会社、飲食店なども参入し、新進気鋭の若き造り手も現れています。オリジナルのジンを酒造メーカーに依頼して造るホテルも増えました。全国で地産地消という言葉が根付き、その土地ならではの特産品のひとつとしてジンにスポットが当たったのです。

ジンとは?

　まず、ジンがどのような酒類に該当するのかみていきましょう。酒類は製造方法から醸造酒、蒸溜酒、混成酒に分類され、ジンはその中の蒸溜酒にあたります。蒸溜酒は原料を発酵してできたモロミ(※)を加熱して蒸発させ、その蒸気を冷やして液体に戻すことで造られるアルコール度数の高いお酒。水とアルコールの沸点の違い(水は100℃、アルコールは78.3℃)を利用した製法です。先に気化したアルコールを冷却して液化させることを繰り返し、成分を分離・凝縮して度数の高い蒸溜酒を造り出すというわけです。ジンは無色透明で、最終的にはアルコール度数が40 〜 50%になります。

> ※**モロミ**:どろどろとした柔らかい固形物を含む発酵液。ちなみに発酵とは、微生物(ここでは酵母)の働きにより人間にとって良い変化が起こること。酵母が原料の糖を食べてアルコールと炭酸ガスに分解し、お酒が造られる。

醸造酒:原料を発酵して造られる。ワイン、日本酒、シードルなど。

蒸溜酒:原料を発酵後、蒸溜して造られる。ジン、ウォッカ、ラム、テキーラ、ウイスキー、ブランデー、焼酎など。

混成酒:醸造酒や蒸溜酒に香料や糖分を加えて造られる。リキュール、梅酒、みりんなど。

　これらの製造方法による分類を踏まえて、日本の酒税法では発泡性酒類を含めた4つの酒類に分け、さらに17品目に区分しています。ただ、ジンはスピリッツとして分類されているだけで細かい規定がないので、ここではEUが定めたジンの定義をご紹介します。

ジンの定義

　ジンは、「ジュニパーベリーの風味がする蒸溜酒」、「農作物由来のエチル
アルコールをベーススピリッツとする」、「アルコール度数は37.5％以上」
と定められていて、大きく3つのカテゴリーに分けられています。

① GIN ジン

・農作物由来のエチルアルコールをジュニパーベリーで香り付けすることによって製造され
　た、ジュニパー風味のスピリッツ。
・アルコールの最低度数は37.5％。
・主にジュニパーベリーの風味がするように、香料物質または香料調整品、あるいはその両
　方のみを使用する。
・製品1リットルあたり0.1グラムを超える甘味料が添加されていない場合、「ドライ」という
　用語を付加できる。

② Distilled gin ディスティルド ジン

・農作物由来のエチルアルコール（96％以上）とジュニパーベリー、天然植物由来のボタニ
　カルを再蒸溜したもの。指定された香料物質または香料調整品、あるいはその両方を使用
　してフレーバーを付けることができる。
・アルコールの最低度数は37.5％。
・農作物由来のエチルアルコールにエッセンスやフレーバーを加えるだけで製造されたジン
　は、Distilled ginと見なされない。
・製品1リットルあたり0.1グラムを超える甘味料が添加されていない場合、「ドライ」という
　用語を付加できる。

③ London gin ロンドン ジン

・農作物由来のエチルアルコール（100％アルコール換算で、100リットルあたり最大5グラ
　ムのメタノール含有量）のみから製造し、天然植物由来のボタニカルを再蒸溜して香り付け
　したもの。
・蒸溜液のアルコール度数は70％以上。
・着色しない。製品1リットルあたり0.1グラムを超える甘味料の添加はしない。
・アルコールの最低度数は37.5％。
・「ロンドン ジン」は、「ドライ」という用語を付加できる。

以上のように、①から③にかけて徐々に条件が厳しくなっています。①では再蒸溜の規定がないので、ベーススピリッツにボタニカルを浸漬して（蒸溜せずに）香りを抽出する「コンパウンド ジン」と呼ばれるものが該当します。これはアメリカの禁酒法時代に流通した「バスタブジン」と同じ方法で、その名のとおり浴槽でボタニカルを浸けていました。条件が厳しくなるほど高品質なように思えますが、現在のクラフトジンはブームの中で蒸溜所の個性を出すためさまざまな工夫を凝らしており、一概にそうとは言えません。また、③のロンドン ジンは記載のとおり産地の規定がなく、ロンドンで造られていなくても条件を満たせば「ロンドン ジン」を名乗ることができます。

その他のタイプ

Old tom gin オールドトムジン

18世紀のイギリスで、とても人気のあった甘口のジン。雄猫（トムキャット）の看板がジンの密売所の目印だったことに由来します。当時は雑味が多かったために砂糖などの糖分を加えて造られていましたが、品質が向上した現在もそのスタイルが受け継がれています。いま主流の「ドライジン」は、甘口のオールドトムジンと比べて辛口（ドライ）の意味。

geneva ジュネヴァ

オランダ生まれのスピリッツで、ジンの起源といわれています。穀物を蒸溜したモルトワインとジュニパーベリーを原料にしており、麦の香りが比較的濃厚。一般的なジンとは異なり、ジュニパーが主要なフレーバーである必要はありません。EUの規定によれば、オランダ、ベルギー、およびフランスとドイツの特定の地域で生産されたスピリッツのみがジュネヴァと名乗ることができます。

Steinhäger シュタインヘーガー

風味付けにジュニパーベリーだけを使うドイツ産のジン。生のジュニパーベリーと、大麦やライ麦といった穀物をそれぞれ発酵・蒸溜してブレンドし、再蒸溜して造ります。マイルドなためストレートでも比較的飲みやすく、ドイツではビールをチェイサーに飲まれるようです。

バスタブジン

イギリスのオンラインリテーラー、マスター・オブ・モルトの関連会社が所有するブランド「エイブルフォース」がリリースする「バスタブジン」。かつての禁酒法時代を彷彿とさせるラベル。

ジンの核となるボタニカル

　ジンを製造する過程で欠かせない、香りづけに使われるボタニカル（植物）にはどのようなものがあるのでしょうか。5〜6種類から10種類前後で造られるジンが多く見られますが、数十種類に及ぶボタニカルが用いられることもあり、クラフトジンの流行により素材の幅も広がりました。ここでは、主に使われているボタニカルをご紹介します。

ジュニパーベリー

森林を思わせるフレッシュで爽やかな香りと、甘苦さが絡み合った独特な風味。見た目や名前からブルーベリーなどベリー系の果実だと思われるかもしれませんが、ヒノキ科の針葉樹「ジュニパー（和名：セイヨウネズ）」の実を指します。

柑橘類

レモン、オレンジ、グレープフルーツ、ライムなど。基本的には、香気成分が多く含まれるピール（皮）が使われます。日本のジンは柚子やすだち、かぼす、金柑といった柑橘が選ばれることも。

コリアンダー

パクチーや香菜とも呼ばれ、カレーにブレンドされるスパイスとしても有名なセリ科の植物。葉はクセのある強い香りが特徴的ですが、ボタニカルとして用いられる種は甘く爽やかで、柑橘類を思わせる香りとスパイシーさが感じられます。

アンジェリカ

コリアンダーと同じくセリ科の植物で、その根を乾燥させたもの（アンジェリカルート）がボタニカルに。ウッディでスパイシー、ハーバルな香り。フローラルな香りを持つ種（アンジェリカシード）が使われることもあります。

カルダモン

カレー粉やピクルス、チャイ、コーヒーなどに使われるショウガ科の多年草。種子に強い香りがあるため、潰して用いられます。清涼感とスパイシーな芳香を持ち、華やかなカルダモンは"スパイスの女王"といわれています。

リコリス

根に強い甘味と森のような香りがあり、喉や消化に良いことからキャンディなどの菓子や内服液に用いられます。漢方薬の原料になる「甘草」の一種。

オリス

アヤメ科の多年草で、白や紫色の花を咲かせるオリス。その根を乾燥させたものが香水やポプリなどに使われ、最大限の香りを引き出すには2年以上かかります。フローラルで上品な芳香。

カシア

シナモンの一種で、一般的に見かけるセイロンシナモンに比べて肉厚で濃厚な香りを持ち、スパイシーで苦味も感じます。ジンに使われるのは、主にその樹皮（カシアバーク）です。

キュベブ

インドネシア・ジャワ島で栽培されるスパイスで、ジャワペッパーとも呼ばれます。ウッディでスパイシー、わずかに苦味を感じます。

グレインズ オブ パラダイス

西アフリカ原産、ショウガ科の植物の種子を乾燥させたスパイスで、ギニアショウガとも呼ばれます。カルダモンに似た清涼感のある香りと、胡椒のような辛味。ビールやワインの香り付けとしても用いられます。

そのほか、身近な素材としてはアーモンドやナツメグ、キャラウェイ、タイム、カモミール、山椒、お茶などが使われています。

ジンの造り方

　ベースとなるスピリッツに、ジュニパーベリーをメインとしたボタニカルを加えてジンは造られます。どのようなスピリッツを使うか、ボタニカルに何を選びどう加えるか、蒸溜器や蒸溜法は?　ボタニカルの存在が注目されがちですが、目指すジンのスタイルや蒸溜所の環境によってさまざまな製造方法が考え抜かれています。

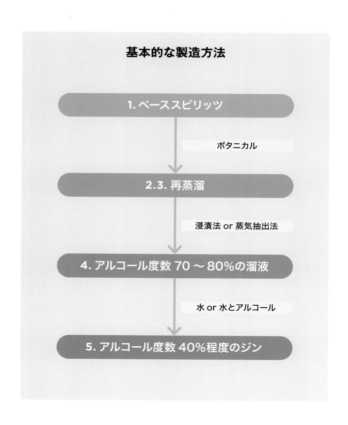

基本的な製造方法

1. ベーススピリッツ

ボタニカル

2.3. 再蒸溜

浸漬法 or 蒸気抽出法

4. アルコール度数 70 〜 80%の溜液

水 or 水とアルコール

5. アルコール度数 40%程度のジン

1. ベーススピリッツ

ボタニカルを加える前の、ジンのベースとなるスピリッツ。大麦、ライ麦、小麦、トウモロコシ、サトウキビ、リンゴ、ブドウ、ライチ、米などが原料に用いられます。連続式蒸溜機でアルコール度数95%以上に蒸溜したニュートラルスピリッツ（※）をボタニカルが抽出しやすい60%程度になるよう加水します。単式蒸溜器を使って、アルコール度数を上げずに原料の風味を残す場合もあります。

※ニュートラルスピリッツ：原料の風味をできるだけ取り除くよう蒸溜した、純度の高いアルコールのこと。蒸溜所によって加水の加減は異なる。

2. 再蒸溜

浸漬法（スティーピング）

蒸溜器にベーススピリッツとボタニカルを入れて浸漬し、蒸溜する方法。浸漬時間はボタニカル、蒸溜所で異なります。ベーススピリッツに直接浸け込むため、ボタニカルの香りを深く引き出すことが可能。その反面、ボタニカルが蒸溜器に焦げ付きやすいというデメリットも。

蒸気抽出法（ヴェイパー インフュージョン）

蒸溜器の上部に設置されたバスケット（かご）にボタニカルを詰め、本体にベーススピリッツを入れて蒸溜する方法。蒸溜時に蒸気がボタニカルを通過することで、香りが付加されます。浸漬法に比べてはっきりとした強い香りは付かないものの、ライトで繊細なフレーバーのジンに。

　主に上記2つの方法でベーススピリッツとボタニカルが再蒸溜されます。ボタニカルをまとめて再蒸溜するケースもあれば、ボタニカルごとやいくつかのグループに分けて再蒸溜することも。さらに、ボタニカルによって浸漬法と蒸気抽出法に分けることもあり、仕上げにそれらがブレンドされます。また、先述したようにベーススピリッツにボタニカルを浸漬するだけで香りを抽出する方法もあり、必ず再蒸溜をするというわけではありません。

3.蒸溜器／蒸溜機

ポットスチル

材料を入れて加熱する蒸溜釜、蒸気が溜まるネック、蒸気が伝わる部分のラインアーム、冷却して蒸気を再び液体に戻すコンデンサーで構成された単式蒸溜器。熱伝導率が良く、不快な香気成分を除去できる銅製であることが多いです。カーターヘッド型は筒状の上部にバスケットが設置されていて、蒸気抽出法に用いられます。

コラムスチル

ニュートラルスピリッツを造る際に使われる連続式蒸溜機。1回の蒸溜ごとにモロミを入れ替える単式蒸溜とは異なり、モロミを連続的に投入して蒸溜するため、効率的に純度の高いアルコールを生成できます。蒸溜塔は蒸気が通る穴の開いた板でいくつかの棚段に仕切られていて、上から流れてきたモロミが下からの蒸気で温められることで沸点の低い物質（エタノール）を多く含む蒸気が上段へ向かい、沸点の高い物質（水）を多く含む蒸気は下段へ向かいます。それが棚段ごとに行われ、凝縮した蒸気が冷却されて液化し、高純度のアルコールになります。

ハイブリッドスチル

ポットスチルとコラムスチルの機能を持つハイブリッド型。アルコール度数の高い溜液を一度の蒸溜で得ることができ、浸漬法と蒸気抽出法どちらにも対応しています。

カブト釜蒸溜器

杉や檜でできた樽に「カブト」と呼ばれる円錐型の蓋を乗せた形の蒸溜器。カブトに水を張ることで、加熱により気化したアルコールが冷却されて液体になります。焼酎造りに使われてきた伝統的な蒸溜器で、ジンの製造においては岐阜県郡上八幡の辰巳蒸溜所が使用していることで知られます。

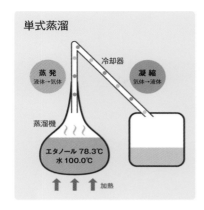

単式蒸溜

蒸発 液体→気体
冷却器
凝縮 気体→液体
蒸溜機
エタノール 78.3℃
水 100.0℃
加熱

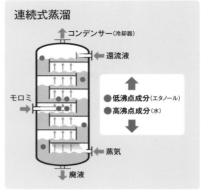

連続式蒸溜

コンデンサー（冷却器）
還流液
モロミ
● 低沸点成分（エタノール）
● 高沸点成分（水）
蒸気
廃液

常圧蒸溜と減圧蒸溜

加圧も減圧もせず、通常の気圧下で蒸溜を行う一般的な常圧蒸溜に対し、減圧蒸溜は蒸溜器内の気圧を下げて蒸溜します。例えば標高の高い山でお湯を沸かすと気圧が低いために100℃より低い温度で沸騰するように、減圧蒸溜では沸点が低くなります。これを利用して、低温でないと充分に抽出されないボタニカルの繊細な香りを引き出すというわけです。

4.溜液

蒸溜が始まると、沸点の低いものから気化していきます。はじめに流れ出てくる溜液「ヘッド（前溜）」は、エタノールよりも先に有害なメタノールが気化するためジンとして使うことはできません。安定した香気成分が抽出されるアルコール度数70〜80%の「ハート（本溜）」がジンの原酒として取り出されます。さらに蒸溜が進むとアルコール度数は低くなり、不純物が多く含まれるようになるためヘッドと同様にジンとしては使えません。この部分を「テイル（後溜）」と呼びます。

5.加水

取り出した溜液はアルコール度数が高いため、加水後にボトリングされます。40%程度に加水調整して製品化するワンショット製法と、水だけでなくアルコールも加えるマルチショット製法があり、後者はコストを抑えることができます。

※最近では「ワンショット」というと、複数のボタニカルを一度に蒸溜することを指す場合があります。

代表的な
ジンカクテル7

- ● ジントニック
- ● ジンフィズ
- ● ギムレット
- ● ホワイト レディ
- ● ネグローニ
- ● ジン アンド イット
- ● マティーニ

Bar Brüder

菅野　仁利 氏

ジンベースのカクテルは人気でその数も多いですが、中でも代表的な7種類を3名のバーテンダーさんに作って頂きました。作り手によってジンの銘柄、副材料、分量、工程が異なり、それぞれの考え方、個性が表れるのが興味深いところ。同じカクテルをいろいろなバーで飲み比べていくと、いつか自分好みの一杯に出会えるはずです。

大学在学中、新宿のバー「サニーサイド」へ入店。本格的にバーテンダーの道を志すため卒業後は「rit bar」に就職し、グランドピアノでのジャズライブや扱うグラスがすべてバカラ製といった環境で7年半ほど勤める。2009年、独立して「Bar Brüder」をオープン。19世紀のヨーロッパのサロンをテーマに、ベートーヴェンをはじめとした当時の音楽に浸りながら "Brüder（同志）" が共に寛げるような雰囲気を提供している。

- ・ 特に記載のない場合、ボトルは常温、レモンやライムはフレッシュジュースを使用しています。
- ・ ダブルストレイン：ストレーナーのあるシェーカーから液体を注ぐ際、さらに漉し器を使って漉すこと。
- ・ スワリング：液体を注いだグラスの底を持って、くるくると回転させること。
- ・ 1tbsp（テーブルスプーン）＝ 約15ml（大さじ1杯）
- ・ 1tsp（ティースプーン）＝ 約5ml（小さじ1杯）
- ・ 1dash（ダッシュ）＝ 約1ml（ビターズボトルをひと振りした量）
- ・ 1drop（ドロップ）＝ 約1/5ml（ビターズボトルを逆さにした際、自然に落ちる1滴）

Bar Brüder
東京都新宿区新宿3-8-9 平生ビルディング 4F
（2022年12月に新宿3-7-7から移転）
03-6457-4949

BAR AdoniS

大沢　智枝 氏

Bar Drambuie

梅本　裕基 氏

吉祥寺でバーテンダーを始め、横浜「BAR GLORY」や「葉山ホテル音羽ノ森」で研鑽を積み、2006年に「BAR AdoniS」へ入店。現在、同店でチーフ・バーテンダーを務める。2010年、PBO主催「バーテンダーズ・コンペティション」で最優秀賞のM.V.B.（モスト・ヴァリアヴル・バーテンダー）に。2015年には、シェリー資格称号認定試験（公式ベネンシアドール）に合格した。ハーブやスパイス、豆類などの野菜を使ったカクテルが得意。

大学在学中に宇都宮のバーでアルバイトとして勤務し、卒業後に入社。ソムリエの試験に合格した際、バカラのグラスをお祝いに頂いたことがきっかけでグラス収集を始める。東京・丸の内と六本木にあるバカラのバー「B bar」を経て、2010年に自身の店をオープン。店内のグラスは9割がバカラで、ほかにサンルイやラリックを揃える。鎌倉にアンティークグラスをメインに販売する店舗（予約制）も構えている。

BAR AdoniS
東京都渋谷区道玄坂2-23-13
渋谷DELITOWER 9F
03-5784-5868

Bar Drambuie
東京都足立区千住1-37-1
山本ビル1F
03-5244-6646

ジントニック
Gin & Tonic

バーで1杯目に飲まれるカクテルといえば、ジントニック。基本的にはライムを使い、果汁を搾るだけか搾って入れる（飾る）か、飾るだけかなどに分かれます。好みでビターズが加えられ、味わいに複雑さや奥行きを出したり、ビターな余韻を与える効果が。ジンのフレーバーと、心地よい酸味と苦味のバランスが肝となる一杯です。

基本レシピ

材料
ジン ……………………………………… 30〜45ml
トニックウォーター …………………………… 適量

ガーニッシュ
カットライム（またはカットレモン）…………… 1/6個

作り方
❶ 氷を入れたタンブラーに、ジンを注ぐ。
❷ 冷やしたトニックウォーターで満たして、軽く混ぜる。
❸ カットライムを飾る。

Bar Brüder

材料
ジン（ロンドンヒル ドライジン／冷蔵）………… 45ml
カットライム …………………………… 1/6〜1/3個
トニックウォーター（フィーバーツリー）………… 90ml
オレンジ＆マンダリン ビターズ（ボブズ）……… 1drop

作り方
❶ タンブラーにやや大きめの氷を3個入れ、ミネラルウォーター（冷蔵）を注いで手早くリンスする（水分を切る）。
❷ ビターズ、ジンの順で❶に加える。
❸ 果肉に対して垂直に切り込みを入れたカットライムをグラスの縁に擦り付ける。
❹ 余分なオイルが出ないようライムを一気に搾り、ステアする。
❺ 氷にあてないようにトニックウォーターを注ぎ、静かに3回ほど混ぜる。
❻ ❹で搾ったライムを氷の上に飾る。

ポイント
・ライムはワックス除去してシワが出るまで常温で保管したものを使用する（3リットルほどの桶に約65℃のぬるま湯を入れて、中性洗剤と重曹 各大さじ1を加えたものに10分ほど浸けてからスポンジで軽く洗う。氷の上にライムを飾るため、この処理が必須）。
・隙間なく氷を詰めて、炭酸が抜けにくくする。

BAR AdoniS

材料

ジン（プリマス／冷蔵）	30ml
カットライム	1/6個
トニックウォーター（フィーバーツリー）	90ml
オレンジビターズ（ノールド）	3dashes

作り方

❶ タンブラーに大きめの氷を2個入れる。

❷ ジンとビターズを加えて、ライムを搾り入れる。

❸ 氷とグラスの隙間からトニックウォーターを注ぎ、軽く混ぜる。

ポイント

・ 芯の部分をきちんと取り除いたライムを縦に軽く搾り、心地良い酸味と香りを与える。

・ ビターズを加えると奥行きが出て、フレーバーを豊かに感じられる。

・ トニックウォーターは、キナの味わいが程よく効いたナチュラルな風味のフィーバーツリーを。

Bar Drambuie

材料

ジン（ゴードン ロンドン ドライジン 47.3度／冷凍）	30〜40ml
カットライム	1/6個
トニックウォーター（フィーバーツリー）	100ml
ソーダ（ウィルキンソン タンサン）	10ml
アンゴスチュラ ビターズ	3drops

作り方

❶ タンブラーに氷とジンを入れる。

❷ 氷とグラスの隙間からトニックウォーターとソーダを静かに注ぐ。

❸ ライムを搾り、アンゴスチュラ ビターズを垂らす。

❹ 氷を刺激しないよう、バースプーンで静かに1回混ぜる。

ポイント

・ 少量のソーダを加えて、さっぱりとした仕上がりに。

・ アンゴスチュラ ビターズが全体の味わいを引き締める。

・ ビターズとトニックウォーターの苦味だけでバランスが取れるため、ライムは果汁のみを搾り入れ、皮の苦味は加えない。

ジンフィズ
Gin Fizz

レモンジュースの酸味と糖分の甘味の割合、糖分に何を用いるか、シェイクした後のソーダの分量は（どのくらい伸ばすか）など、難しい点がいくつかあります。フィズはスピリッツにレモンジュース、砂糖を加えてシェイクし、ソーダで満たすスタイル。炭酸が弾ける擬音語がフィズという名前の由来であるため、なるべく炭酸が抜けないように作るバーテンダーさんが多いようです。

基本レシピ

材料
ジン	45ml
レモンジュース	20ml
砂糖	2tsp
ソーダ	適量

作り方
① ソーダ以外の材料をシェイクして、氷を入れたタンブラーに注ぐ。
② ソーダで満たして、軽く混ぜる。

Bar Brüder

材料
ジン（ロンドンヒル ドライジン／冷凍）	50ml
レモンジュース	20ml
グラニュー糖（細かく粉砕したもの）	小さじ1と1/2
ソーダ（能勢ミネラルソーダ）	60ml

ガーニッシュ
レモンスライス	1枚

作り方
① レモンジュースとグラニュー糖をシェーカーに入れて、バースプーンでかき混ぜながらグラニュー糖を溶かす。
② ジンを加えて混ぜ、味を確かめる。
③ タンブラーにやや大きめの氷を3個入れ、ミネラルウォーター（冷蔵）を注いで手早くリンスする（水分を切る）。
④ ②をシェイクして、③に注ぐ。
⑤ ソーダを加えて、静かに3回ほど混ぜる。
⑥ レモンスライスを飾る。

ポイント
・ 透明感のある味わいのロンドンヒルがベース。
・ 甘味が口に残りにくいグラニュー糖を使用。また、粉砕したものは溶けやすい。
・ 能勢ソーダはガス圧が高い割りに、炭酸水特有の酸味が穏やか。その分レモンジュースを多めに入れられるので、ボリュームのある味わいになる。

BAR AdoniS

材料

ジン（キングスバリー ピクトリアンバット）	45ml
レモンジュース	20ml
シンプルシロップ（カリブ）	2tsp
ソーダ（ウィルキンソン タンサン）	60ml

ガーニッシュ

レモンスライス	1枚

作り方

❶ ソーダ以外の材料をシェイクして、氷を入れたタンブラーに注ぐ。

❷ ソーダを加えて、軽く混ぜる。

❸ レモンスライスを飾る。

ポイント

・ ダブルジュニパー（通常のジンに使われる2倍以上のジュニパーで製造）によるしっかりとした風味を持つビクトリアンバットと、レモンが調和。

・ シェイクで充分に空気を含ませながら、香りを広げる（常温のジンを使用するため、水っぽくならないよう振り過ぎない）。

Bar Drambuie

材料

ジン（ゴードン ロンドン ドライジン 47.3度／冷凍）	45ml
レモンジュース	15ml
自家製シロップ※	2tsp
ソーダ（ウィルキンソン タンサン）	適量

※ ［ 自家製シロップ ］：ザラメ 150g、シンプルシロップ 500ml、ミネラルウォーター 50ml、ダークラム（ゴスリングス ブラックシール）20mlを瓶に入れて振り、混ぜる。冷蔵庫で3日ほど保存して、味を落ち着かせる。

作り方

❶ ソーダ以外の材料をシェイクする。

❷ 右手に❶のシェーカー、左手にソーダを持ち、氷を入れたタンブラーに注ぐ（氷とグラスの隙間へ同時に注ぐ）。

ポイント

・ ソーダの気泡を少しでも逃さないよう、両手で同時に注ぐ。

・ 注いだ後は、混ぜない。ジンフィズの "フィズ" の由来である炭酸水の "シュッ" と弾ける感覚を大切に。

・ シェイクして注ぐ液体と、割材のソーダは1:1の比率で。

ギムレット
Gimlet

かつてはコーディアルライム（加糖したライムジュース）でしたが、現在はフレッシュのライムを使う傾向にあり、糖分を補填して作るレシピが一般的になっています。アルコール感と酸味が強いカクテルなので、シェイクで空気を充分に含ませて口当たり良く仕上げるのがポイント。当初はプリマスジンとローズ社のコーディアルライムを1:1でステアするというレシピで、甘口だったようです。

基本レシピ

材料

ジン	45ml
ライムジュース	15ml
シンプルシロップ	1tsp

作り方

❶ 材料をシェイクして、カクテルグラスに注ぐ。

Bar Brüder

材料

ジン（ザ ボタニスト／冷凍）	60ml
ライムジュース（搾りたて）	15ml
グラニュー糖（細かく粉砕されたもの）	小さじ1と1/2

作り方

❶ ライムジュースとグラニュー糖をシェーカーに入れて、バースプーンでかき混ぜながらグラニュー糖を溶かす。

❷ ジンを加えて混ぜ、味を確かめる。

❸ シェイクして、カクテルグラスに注ぐ。

ポイント

・ボディがあり、加水時に甘味の伸びが良いボタニストをベースに選択。シェイクで空気を大量に含ませるため、コシのあるジンのほうが軽やかな飲み口の中にお酒の存在感を出せる。

・爽やかな香りが活かせるよう、搾りたてのライムジュースを使う。ほかの柑橘に比べて時間が経つと苦味やえぐ味、酸味が強くなる傾向があるため。

BAR AdoniS

材料

ジン（プリマス／冷蔵）······························· 45ml
ライムジュース ··· 15ml
シンプルシロップ（カリブ）······················· 1tsp

作り方

❶ 材料をシェイクして、カクテルグラスに注ぐ。

ポイント

· 華やかな香りと柔らかい味わいのプリマスがベース。
· 100%サトウキビ天然糖液のカリブは甘さが舌につかず、馴
  染みやすい。
· ライムの爽やかさが感じられるよう、程よい甘味の加減を。

Bar Drambuie

材料

ジン（ゴードン ロンドン ドライジン 47.3度／冷凍）········ 45ml
ライムジュース ··· 15ml
自家製シロップ※ ······································· 1tsp

※［ 自家製シロップ ］：ザラメ 150g、シンプルシロップ
500ml、ミネラルウォーター 50ml、ダークラム（ゴスリングス
ブラックシール）20mlを瓶に入れて振り、混ぜる。冷蔵庫で3
日ほど保存して、味を落ち着かせる。

作り方

❶ 材料をシェイクして、カクテルグラスに注ぐ。

ポイント

· 時間帯、気候、飲む人の状況により、ジンの温度を変える。基
  本的には冷凍で、キリッとした味わいに。柔らかく仕上げた
  い時は、常温で。
· ライム果汁に充分な甘味を感じたり、国産のライムが手に
  入った時（11～12月頃）はシロップ無しで作ることもある。

ホワイト レディ
White Lady

その名前から白い貴婦人をイメージして、香りや味わい、色の仕上がりを考えるバーテンダーさんは少なくないでしょう。以前は卵白を入れるレシピが一般的で、今も海外ではそのスタイルを踏襲するバーも多いようです。ジンをウォッカベースに変えると「バラライカ」、ラムベースなら「X.Y.Z.」、ブランデーベースなら「サイドカー」。ショートカクテルの基本形です。

基本レシピ	
材料	
ジン	30ml
オレンジリキュール	15ml
レモンジュース	15ml

作り方
❶ 材料をシェイクして、カクテルグラスに注ぐ。

Bar Brüder

材料

ジン（タンカレー ナンバーテン／冷凍）	40ml
オレンジリキュール（コアントロー）	20ml
レモンジュース	20ml
グラニュー糖（細かく粉砕されたもの）	小さじ1
溶いた卵白	1tsp

ガーニッシュ

グリオッティンチェリー	1個
レモンピール（コインくらいのサイズにカット）	1片

作り方
❶ レモンジュース、グラニュー糖、卵白をシェーカーに入れて、バースプーンでかき混ぜながらグラニュー糖を溶かす。
❷ ジンとコアントローを加えて混ぜ、味を確かめる（特に酸味が立ち過ぎていないか）。
❸ ピンに刺したチェリーをカクテルグラスに飾る。
❹ ❷をシェイクして、❸にダブルストレイン。
❺ レモンピールをかける。

ポイント
・ オレンジの香りが特徴的なタンカレーがベース。ジュニパーベリーの香りをもう少し強調したい場合は「シップスミス VJOP」を。
・ 少量の卵白を加えてシェイクすると、カクテルに空気をより含ませることができ、ふわりとした口当たりに。サイドカーやバラライカなどベース違いのカクテルや、ギムレットとの差別化を狙ってレシピを作成している。

BAR AdoniS

材料

ジン（エギュベル／冷蔵）	30ml
オレンジリキュール（ソミュール）	15ml
レモンジュース	15ml

作り方

❶ 材料をシェイクして、カクテルグラスに注ぐ。

ポイント

・芯がありつつも柔らかく、どこか古風なようで現代的な貴婦人をイメージ。

・甘く華やかなエギュベルは柑橘類の芳香のエッセンスを一層広げ、クラシカルなイメージもまた "白い貴婦人" に合う。

・オレンジリキュールは、適度な甘味と洗練されたオレンジの風味があるソミュールを選択。

Bar Drambuie

材料

ジン（ゴードン ロンドン ドライジン 47.3度／冷凍）	35ml
オレンジリキュール（コアントロー）	15ml
レモンジュース	10ml

作り方

❶ 材料をシェーカーに入れて、バースプーンでよく混ぜる。

❷ シェイクして、カクテルグラスに注ぐ。

ポイント

・しっかりと重みを感じ、できるだけ皮が薄くて硬くないレモンを選ぶ。酸が柔らかくなり、果汁が充分に取れるよう数日から1週間ほど寝かせる。

・3〜4cmの氷をシェーカーの7分目まで入れ、手首のスナップを効かせて液体に気泡をたくさん含ませるイメージでシェイク。

ネグローニ
Negroni

甘味と苦味の絶妙なバランス、複雑味と余韻の長さがネグローニの魅力ではないでしょうか。グラスに注いで混ぜるだけのビルドスタイルで、手軽に作れるのも良いですね。ジンとベルモットの銘柄や分量、ステアの仕方で風味が軽めにも重めにもなります。果肉が入るオレンジスライスと、香り付けに用いるピールのどちらを選ぶかでも仕上がりは変わってきます。

基本レシピ

材料

ジン	20ml
スイートベルモット	20ml
カンパリ	20ml

ガーニッシュ

オレンジスライス	1枚

（または、オレンジピール1片）

作り方

❶ 氷を入れたオールドファッショングラスに材料を注いで、ステアする。

❷ オレンジスライスを飾る（または、オレンジピールをかける）。

Bar Brüder

材料

ジン（タンカレー ナンバーテン／冷凍）	30ml
スイートベルモット（ルスタウ ロホ／冷蔵）	20ml
カンパリ（冷凍）	20ml

ガーニッシュ

オレンジスライス	1枚

作り方

❶ よく締めた氷を水に手早く浸けて、表面をコーティングする。

❷ ❶の氷をBIRDY.ミキシングティン※に入れて、ジン、スイートベルモット、カンパリの順で注ぐ。

❸ ミキシングティンを少し斜めに傾けた状態でゆっくりとステアして、オールドファッショングラスに注ぐ。

❹ 氷を加えて、オレンジスライスを飾る。

※[BIRDY.ミキシングティン]：一般的なガラス製ではなく、ステンレス製のミキシングツール。熱伝導率に優れており、効率的に液体を冷やすことができる。

ポイント

・氷を水でコーティングして、お酒を注いだ時のダメージ（氷の溶解）を少なくする。

・ジン、スイートベルモット、カンパリと比重が軽いものから注ぐほうが混ざりやすい。

・大きな氷は加水速度を緩やかにし、ゆっくりとしたステアで材料を練り合わせられる。それによって、カクテルの仕上がりに独特のとろみが生じる。

BAR AdoniS

材料
ジン (プリマス／冷蔵) ……………………………………… 20ml
スイートベルモット (カルパノ アンティカ フォーミュラ) …… 20ml
カンパリ ……………………………………………………… 20ml

ガーニッシュ
カットオレンジ (約1cm幅のくし形切り) ………………… 1個

作り方
❶ 氷を入れたロックグラスに材料を注ぎ、ステアする。
❷ ガーニッシュを飾る。

ポイント
・ ハーブやビターズとの相性が良いプリマスと、重厚なボディ
  のアンティカ フォーミュラの組み合わせ。
・ プリマスが持つアンジェリカの風味が際立ちながらも、優しく
  調和。
・ ベタッと重くなりすぎないよう、角度を変えながらステアして
  まろやかな口当たりに。

Bar Drambuie

材料
ジン (ゴードン ロンドン ドライジン 47.3度) …………… 30ml
スイートベルモット (カルパノ アンティカ フォーミュラ) …… 10ml
カンパリ ……………………………………………………… 20ml

ガーニッシュ
オレンジピール …………………………………………… 3枚

作り方
❶ オールドファッションド グラスに大きめの氷を1つ入れて、
  スイートベルモット、カンパリ、ジンの順で注ぐ。
❷ 約100回のロングステアをする。
❸ オレンジピールを3回に分けて搾り、最後の1枚はグラスに
  入れる。

ポイント
・ ジンを多めに、スイートベルモットは少なめにすると味が締ま
  る。
・ カンパリは中途半端に入れると苦味が際立つので、総量の
  1/3程度は入れたい。
・ すべて常温のボトルを使用するため、なるべく氷が溶けない
  よう少ない分量のものから注ぐ。

ジン アンド イット
Gin & It

氷を使わず、ジンもベルモットも冷やさないのが本来のスタイル。ただ、時代と共にジンの味わいや飲む人の好みが変わってきているので、どのように調整するかがポイントです。"イット"はイタリアンベルモット（スイートベルモットのこと。かつてイタリアで主に甘口のベルモットが造られていたため）を指し、マティーニの原型ともいわれていますが定かではありません。

基本レシピ

材料

ジン	30ml
スイートベルモット	30ml

作り方

❶ ジン、スイートベルモットの順にカクテルグラスへ注ぐ。

Bar Brüder

材料

ジン（ザ ボタニスト）	40ml
スイートベルモット（ルスタウ ロホ／冷蔵）	40ml

作り方

❶ BIRDY.ミキシングティン※にジン、スイートベルモットの順で入れて、2〜3cm四方の氷を1つ加える。

❷ ミキシングティンを少し斜めに傾け、スワリングをイメージしながら香りの開きと仕上がりの適温（10℃くらい）を意識してステアする。

❸ 常温のカクテルグラスに注ぐ。

※[BIRDY.ミキシングティン]：一般的なガラス製ではなく、ステンレス製のミキシングツール。熱伝導率に優れており、効率的に液体を冷やすことができる。

ポイント

・スイートマティーニ（※）とは違った味わいにすることを念頭に、氷のサイズ、ステア、加水量などを考え、冷やし過ぎない。少しコシのある、スパイシーなアマーロのような一杯に。

・グラスとカクテルの温度差に注意。冷えたグラスにぬるいカクテルを注ぐと、最初に口に触れたグラスの冷たさからよりぬるく感じやすくなってしまう。

※スイートマティーニ：ジンとスイートベルモットをステアして作るマティーニのこと。

BAR AdoniS

材料
オリジナル ブレンデッド ジン※（冷蔵）························· 30ml
スイートベルモット（カルパノ アンティカ フォーミュラ）···· 30ml

※ [オリジナル ブレンデッド ジン]：タンカレー ロンドン ドラ
イジン、タンカレー ナンバーテン、エギュベル ジンを同量で混
ぜる。

作り方
❶ スニフターグラスにジンとベルモットを入れて、スワリング
する。

ポイント
・しっかりとした味わいの中に爽やかさが感じられるよう、オリ
ジナルでジンをブレンド。
・常温のスニフターグラスに冷蔵のジンとベルモットを直接入
れてスワリングすることで、程よく冷えた状態から温度の変
化と共に変わる味わいを楽しめる。

Bar Drambuie

材料
オールドトムジン（コッツウォルズ）···························· 40ml
スイートベルモット（カルパノ アンティカ フォーミュラ）···· 20ml

作り方
❶ ガローネまたはミキシンググラスに材料を入れて、充分に
スワリングする。
❷ クープ型のシャンパングラス、またはブランデーグラスに注
ぐ。

ポイント
・小麦のベーススピリッツから造られ、常温で飲んでも柔らか
い口当たりのコッツウォルズを選択。
・ジンとスイートベルモットは比重の差が大きいため、よく混ぜ
て作る。
・オールドボトル（1960年代のゴードンと1970年代のチンザノ ア
ンティカフォーミュラ）で作ると、柔らかくボリュームがあり、余
韻の長い一杯に。

マティーニ
Martini

"カクテルの王様"と称されるマティーニ。ジンとドライベルモットの比率、温度、ステアの回数、オリーブの種類、レモンピールのかけ方など、研究を重ねたバーテンダーさんの哲学が見えてくるようで、シンプルなほど奥が深いと思われる一杯です。誕生してから広まっていく過程には諸説あり、当初はスイートベルモットを使う甘口だったようですが、徐々に辛口のドライマティーニが好まれるようになりました。

基本レシピ

材料

ジン	45ml
ドライベルモット	15ml
オレンジビターズまたはアンゴスチュラ ビターズ	1dash

ガーニッシュ

レモンピール	1片
オリーブ	1個

作り方

❶ 材料をステアして、カクテルグラスに注ぐ。

❷ レモンピールをかけて、オリーブを飾る。

Bar Brüder

材料

ジン (ザ ボタニスト／冷凍)	60ml
ドライベルモット (ルスタウ ブランコ／冷蔵)	5ml
オレンジ&マンダリン ビターズ (ボブズ)	1drop

ガーニッシュ

種つきオリーブ (プロヴァンス産)	1個
レモンピール (コインくらいのサイズにカット)	1片

作り方

❶ ピンに刺したオリーブを炭酸に浸ける。

❷ よく締めた氷を水に手早く浸けて、表面をコーティングする。

❸ ❷の氷をBIRDY.ミキシングティン※に入れて、ビターズ、ジン、ベルモットの順に加える。

❹ ミキシングティンを少し斜めに傾けた状態でゆっくりとステアして、カクテルグラスに注ぐ。

❺ ❶のオリーブを飾り、レモンピールをかける。

※ [BIRDY.ミキシングティン]：一般的なガラス製ではなく、ステンレス製のミキシングツール。熱伝導率に優れており、効率的に液体を冷やすことができる。

ポイント

・エクストラドライといわれるアルコール感の強い比率ながら、ゆっくりとしたステアによる加水でそれぞれの風味の豊かさを活かし、まるで甘露を口に含んでいるような味わいとスムースなのど越しを目指す。

・オリーブを炭酸に浸けると、浸透圧により手早く塩抜きができる。プロヴァンス産は噛んだ後にほんのりとバニラ香がし、このマティーニと相性が良い。

BAR AdoniS

材料

オリジナル ブレンデッド ジン※¹ (冷蔵) ················· 50ml

オリジナル ブレンデッド ベルモット※² (冷蔵) ········· 10ml

オレンジビターズ (ノールド) ····························· 1drop

※1 [オリジナル ブレンデッド ジン]：タンカレー ロンドン ド
ライジン、タンカレー ナンバーテン、エギュベル ジンを同量で
混ぜる。

※2 [オリジナル ブレンデッド ベルモット]：マンチーノ ヴェル
モット セコと、マンチーノ ヴェルモット ビアンコを3:1の割合で
混ぜる。

ガーニッシュ

グリーンオリーブ (イタリア産) ···························· 1個

作り方

❶ 材料をステアして、カクテルグラスに注ぐ。

❷ ガーニッシュを飾る。

ポイント

・2種類のベルモットをブレンドすることで、セージやマジョラ
ムの爽やかな香りとカモミールやエルダーの甘い香り、オレ
ンジやジンジャーなどが絡み合う複雑なフレーバーに。

・オリーブは洗わずにそのまま使い、その風味をアクセントに
する。

Bar Drambuie

材料

ジン (タンカレー ナンバーテン／冷凍) ················ 25ml

ジン (タンカレー ナンバーテン／常温) ················ 25ml

ドライベルモット (ルータン) ···························· 10ml

ガーニッシュ

グリーンオリーブ (イタリア産) ···························· 1個

レモンピール ·· 1片

作り方

❶ 固く締まった氷をミキシンググラスに入れて水を注ぎ、リン
スする (軽くステアして水分を切る)。

❷ 10数秒置いた後、氷の表面から落ちた水を再度切る。

❸ ドライベルモット、冷凍ジン、常温ジンの順に❷へ入れて、
15〜20回ステアする。

❹ カクテルグラスに注ぎ、グリーンオリーブを飾る。

❺ レモンピールをかける。

ポイント

・温度が異なる2つのジンを使い、その香りと味わいを引き立
たせる。

・短めのステアで、完全に混ぜない (ひと口目にジンのボリュー
ムを感じやすい。時間が経つと一体感が出てくる)。

・このレシピと同じ作り方で、ゴードンジン (47.3℃の冷凍と常
温) とノイリープラットに変えても美味しい。

ジン & トニックウォーター コレクション

国産のものを中心に、ジン100本とトニックウォーター 20本をご紹介します。
気になるボトルが見つかったら、ぜひ試してみてください。

※生産地の「イギリス」は、イングランドで造られるジンに「イギリス」、スコットランドとウェールズ
　で造られるジンにそれぞれ「スコットランド」「ウェールズ」と表記しています。また、記載している
　容量以外の製品も販売されている場合があります。

AKAYANE クラフト ジン
（ジュニパーベリー オンリー）
AKAYANE CRAFT GIN JUNIPER BERRY ONLY

アルコール度数：47%

容量：720ml

生産地：鹿児島県南九州市

製造元：佐多宗二商店

芋焼酎「晴耕雨読」を造る蔵元によるAKAYANEシリーズ。芋焼酎をベースに、ジュニパーベリーのみを用いている。ストレートはもちろん、お湯割りもお勧め。

アルケミエ ジン 犬啼
Alchemiae Gin INNAKI

アルコール度数：45%

容量：500ml

生産地：岐阜県郡上市

製造元：辰巳蒸留所

2017年、30歳だった辰巳祥平さんがひとりで立ち上げた辰巳蒸留所。粕取焼酎、ちこり焼酎がベーススピリッツ。ボタニカルはジュニパーベリーのみ。

ウヰルキンソン・ジン 37°
WILKINSON GIN 37°

アルコール度数：37%

容量：720ml

生産地：日本

製造元：ニッカウヰスキー

販売元：アサヒビール

なめらかな飲み心地と、軽やかですっきりとした後味。10種類以上のボタニカルを使い、シトラスのニュアンスを際立たせることで爽やかな甘さとビター感のある味わいを両立。

オスズ ジン
OSUZU GIN

アルコール度数：45%

容量：700ml

生産地：宮崎県児湯郡

製造元：尾鈴山蒸留所

芋焼酎「山ねこ」や麦焼酎「山猿」で知られる、尾鈴山蒸留所が手がけるジン。本格焼酎をベースに、大地の香水のようなジンを目指して造られている。

オホロ ジン
ohoro GIN

アルコール度数：47%

容量：720ml

生産地：北海道虻田郡

製造元：ニセコ蒸溜所

アイヌ語で「続く」という意味を持つ "ohoro"。ニセコ町産のヤチヤナギ、ニホンハッカをボタニカルに、ニセコアンヌプリの良質な伏流水（軟水）を使用している。

オリジン 1848
ORI-GiN 1848

アルコール度数：48%

容量：500ml

生産地：沖縄県那覇市

製造元：瑞穂酒造

洋酒専門家として著名なPhilip Duff氏がテイスティングした際に絶賛し、自ら命名・サインしたラベルデザイン。西表島産のピーチパインがキー ボタニカル。

黄桜クラフトジン
「花物語」
Kizakura Craft Gin
"Hana Monogatari"

アルコール度数：47%

容量：700ml

生産地：兵庫県丹波篠山市

製造元：黄桜

社名でもある黄桜（ウコンザクラ）、京都宇治の老舗茶問屋「北川半兵衞商店」の宇治抹茶、柚子、山椒などをボタニカルに使用。黄桜は、自社で植樹しているものを採取している。

橘花 KIKKA GIN
KIKKA GIN

アルコール度数：59%

容量：700ml

生産地：奈良県御所市

製造元：大和蒸溜所
　　　　（油長酒造）

日本酒「風の森」などを醸す1719年創業の老舗蔵元、油長酒造が造るジン。ライススピリッツに奈良県産の大和橘と大和当帰を加えた奥深い風味。

9148 #0101
9148 #0101

アルコール度数：45%

容量：700ml

生産地：北海道札幌市

製造元：紅櫻蒸溜所
（北海道自由ウヰスキー）

紅櫻蒸溜所「9148」の定番品。ラベンダーの爽やかな香りとブルーベリーのフルーティな香り、日高昆布・干し椎茸・切干大根のうまみ要素による甘い香りを感じる。

欅
KEYAKI

アルコール度数：42%

容量：700ml

生産地：宮城県大崎市

製造元：MCG

日本酒「伯楽星」を醸す宮城県の新澤醸造店が別会社として設立した株式会社MCGによる製造。宮城の県木で、シンボルでもある「欅」に想いを込めて名付けられた。

コーヒー エシーク
COFFEE ÉTHIQUE

アルコール度数：46%

容量：375ml

生産地：東京都台東区

製造元：
東京リバーサイド蒸溜所
（エシカル・スピリッツ）

エスプレッソを抽出したときに出るコーヒーの出し殻を活用して誕生。バッチごとに、使用している豆の風味の違いを楽しめる。これまでに4thバッチまで販売されている。

黄金井
Koganei

アルコール度数：43%

容量：500ml

生産地：神奈川県厚木市

製造元：黄金井酒造

厚木市七沢産のカボス、相模原産の山椒、伊勢原産の桜花など神奈川県産のボタニカルをふんだんに使用。杉や檜からのウッディな香り、山椒のスパイシーな香りが楽しめる。

コマサ ジン 桜島小みかん
KOMASA GIN
SAKURAJIMA KOMIKAN

アルコール度数：45%

容量：500ml

生産地：鹿児島県日置市

製造元：小正醸造

活火山「桜島」で育つ直径4〜5cmの小さなみかんを
ボタニカルに用いたジンで、優しい柑橘の香りが広が
る。ほかに苺、ほうじ茶といったラインナップがある。

コモン
COMMON

アルコール度数：45%

容量：500ml

生産地：東京都港区

製造元：虎ノ門蒸留所

八丈島の麦焼酎「情け嶋」をベースに、ジュニパーベ
リーとチコリルートで香りづけ。仕込みと仕上げの割
水には奥多摩源流、青梅沢井の湧き水を用いている。

桜尾ジン ハマゴウ 2022
SAKURAO GIN
HAMAGOU 2022

アルコール度数：47%

容量：700ml

生産地：広島県廿日市市

製造元：
サクラオブルワリーアンド
ディスティラリー

世界遺産・宮島に多く自生するハマゴウ。そのハマゴ
ウが持つ清涼感のあるハーバルな香りと、フローラル
な香りを持つボタニカルの華やかさが際立つ、味わい
深いジン。

ジン ジン ジン
jin jin Gin

アルコール度数：47%

容量：700ml

生産地：熊本県球磨郡

製造元：高田酒造場

球磨焼酎「あさぎりの花」をベースに、熊本産の晩白
柚や不知火柑などの柑橘類の皮、天草で育ったロー
ズゼラニウムなどをボタニカルに使用。熊本が詰まっ
た1本。

ジンセブン シリーズ ゼロゼロ
JIN7 series 00

アルコール度数：47%

容量：700ml

生産地：鹿児島県指宿市

製造元：大山甚七商店

日本最古のハーブ農園「開聞山麓香料園」で栽培される希少ハーブ、芳樟（ほうしょう）と鹿児島県指宿産の木頭柚子を用いて造られるジン。芋焼酎（白麹タイプ）がベーススピリッツ。

スティルダム ジン スタンダード
STILLDAM GIN Standard

アルコール度数：45%

容量：700ml

生産地：佐賀県佐賀市

製造元：楠乃花蒸溜所

オランダのジュネヴァに通じる製法で造られる。ベーススピリッツは純米吟醸酒を単式蒸溜器で蒸溜した本格純米焼酎で、佐賀県産ボタニカルと共にその個性を表現。

タテヤマジン 001 ---レモングラス---
TATEYAMA GIN 001

アルコール度数：40%

容量：200ml

生産地：千葉県館山市

製造元：
TATEYAMA BREWING

単品蒸溜した「エレメント」をカスタマイズブレンドしてオリジナルジンをつくることができる。ブレンドシリーズ001はレモングラスをメインボタニカルにし、ブレンドした飲みやすいジン。

TAN TAKA TAN GIN
TAN TAKA TAN GIN

アルコール度数：37%

容量：700ml

生産地：北海道旭川市

製造元：合同酒精

北海道白糠町産の赤シソと、5種類のボタニカルを使用した北海道クラフトジン。赤シソの爽やかな風味と、5種類のボタニカルが織り成す繊細な味わいが特長で、和食との相性を追求した。

千代むすび
クラフト・ジン 因伯人

CHIYOMUSUBI
CRAFT GIN IMPACT

アルコール度数：47%

容量：700ml

生産地：鳥取県境港市

製造元：千代むすび酒造

昔の鳥取藩である「因幡」と「伯耆」から故郷への思いと、インパクトのある味わいを表現した銘柄。八朔、柚子、クロモジなどボタニカルは13種類。

TL ピアス
トーキョー ドライジン

TL PEARCE
TOKYO DRY GIN

アルコール度数：43%

容量：700ml

生産地：千葉県野田市

製造元：TL Pearce蒸溜所

日本の伝統に憧れ来日し、飲料業界で活躍してきた蒸溜家2人によるジン。ミカンの皮をキーボタニカルに、洗練されたクラシカルでモダンなスタイルのジンを創り出した。

トーキョー
ハチオウジン
CLASSIC

TOKYO HACHIO GIN
CLASSIC

アルコール度数：45%

容量：500ml

生産地：東京都八王子市

製造元：東京八王子蒸溜所

レモンと甘夏のピール、カモミール、エルダーフラワーをボタニカルにしたフローラルな風味。伝統的なロンドン ドライ ジンの製法で造られる。

Japanese
Craft Gin
棘玉

Japanese Craft Gin
TOGEDAMA

アルコール度数：47%

容量：700ml

生産地：埼玉県川越市

製造元：武蔵野蒸溜所
（株式会社マツザキ）

ジュニパーベリーの爽やかさの中に越生産の柚子や河越茶の華やかな香りと甘さが感じられ、骨格の強さと口当たりの柔らかさを併せ持つ。国産のオリジナル蒸溜器を使用。

ナイトトラベラー
NIGHT TRAVELER

アルコール度数：45%

容量：700ml

生産地：秋田県山本郡

製造元：山本酒造店

粕取焼酎「山本 レインボー」をベースに、秋田県産ボタニカルなど20種類以上を蒸溜、ブレンド。羽田空港にある架空のバーで最終便を待つ人を「ナイトトラベラー」と例え名付けられた。

ナカツ・ジン カモミール
NAKATSU GIN
chamomile

アルコール度数：50%

容量：500ml

生産地：岐阜県中津川市

製造元：岐阜中津川蒸留所（株式会社サラダコスモ）

恵那山岡産カモミールの甘美な味わいと、チコリルートによる深み。季節ごとに旬のボタニカルを見つけてジンを造っており、数人の手による少量生産。

南部美人クラフトジン
NANBU BIJIN
CRAFTED GIN

アルコール度数：40%

容量：700ml

生産地：岩手県二戸市

製造元：南部美人

二戸の名産「浄法寺漆」の木を炙り、ボタニカルに。爽やかでスパイシーなジュニパーベリー由来の風味と、ウッディでスモーキーな漆由来の風味が入り交じる。

ネイビーストレングス クラフトジン
NAVY STRENGTH
CRAFT GIN

アルコール度数：57%

容量：500ml

生産地：沖縄県西原町

製造元：石川酒造場

沖縄産のカーブチーやタンカン、カラキなどをボタニカルに用いている。フルーティで、ほのかにスパイシーな余韻。アルコール度数57%のネイビーストレングス。

ヒナタ ジン
HINATA GIN

アルコール度数：47%

容量：750ml

生産地：宮崎県日南市

製造元：京屋酒造

日向市原産のヘベス、日向夏、金柑がメインボタニカル。総合監修・マスターブレンダーとしてバーテンダーの蛯原三奈さん、デザイナーとして画家の入江万理子さんを招聘している。

火の帆「UMI」
HONOHO UMI

アルコール度数：45%

容量：500ml

生産地：北海道積丹郡

製造元：積丹スピリット

積丹の海を想わせる潮の香りを表現したジン。積丹半島の断崖に群生する希少なミヤマビャクシン、フキノトウやハリエンジュがボタニカル。

マキノジン
MAKINO GIN

アルコール度数：45%

容量：700ml

生産地：高知県高岡郡

製造元：司牡丹酒造（マキノ蒸溜所）

高知県出身の世界的植物学者、牧野富太郎博士にちなんで命名。博士が妻の名を付けたスエコザサなどを用いたエキゾチックなテイスト。「BAR クラップス」塩田貴志さんが企画・開発。

まさひろ オキナワ ジン レシピ01
MASAHIRO OKINAWA GIN RECIPE 01

アルコール度数：47%

容量：700ml

生産地：沖縄県糸満市

製造元：まさひろ酒造

シークヮーサー、ゴーヤ、グァバ、ローゼル、ピィパーズ、ジュニパーベリーという沖縄らしい6種類のボタニカル。泡盛を造る2つの単式蒸溜器それぞれの特徴を活かした独自の製法。

油津 吟
YUZU GIN

アルコール度数：47%

容量：750ml

生産地：宮崎県日南市

製造元：京屋酒造

酒造の所在地「油津（あぶらつ）」を「YUZU」、吟味して創ったという意味の「吟」を「GIN」として名付けられた。ボタニカルは柚子、山椒、生姜、きゅうり、へべス、日向夏など9種類。

ラスト エレガント
LAST ELEGANT

アルコール度数：47%

容量：375ml

生産地：東京都台東区

製造元：
東京リバーサイド蒸溜所
（エシカル・スピリッツ）

酒を絞った「最後」の酒粕から、終わらず「続く」新たないのち。廃棄される酒粕をリユースし、循環する蒸溜プラットフォームを体現。LASTという単語が持つ2つの意味が込められている。

レイジー マスター
〜 シルキー シトラス 〜
LAZY MASTER
〜 Silky Citrus 〜

アルコール度数：42%

容量：500ml

生産地：静岡県沼津市

製造元：沼津蒸留所
（株式会社FLAVOUR）

西浦みかん、へだたちばな、クロモジ、山椒など8種類のボタニカルを使った爽やかでフルーティな味わい。沼津駅前のブリューパブ「Repubrew」が造るジン専用の原酒をベースにしている。

ろくもじ クラフトジン
2022 スペシャル エディション
ROKUMOJI Craft GIN
2022 Special Edition

アルコール度数：43%

容量：700ml

生産地：新潟県南魚沼市

製造元：新潟麦酒
販売元：ろくもじ株式会社

販売元・ろくもじ株式会社の代表、今成しかごさんによるデザインのラベルが印象的。2年間の熟成乾燥を経て、香りが凝縮されたクロモジを用いている。

エイブルフォース バスタブ ジン
Ableforth's Bathtub Gin

アルコール度数：43.3%

容量：700ml

生産地：イギリス

輸入元：ウィスク・イー

ボタニカルを加えて再蒸溜することなく、浸漬させるだけで造るコンパウンド・ジン。オイリーでクリーミーな味わい。ボトルは紙と撚り紐、ワックスを用いたハンドメイド。

ビーフィーター ジン
BEEFEATER LONDON DRY GIN

アルコール度数：47%

容量：750ml

生産地：イギリス

輸入元：サントリー

カクテルのベースとして世界各国で親しまれ、今なおロンドン市内で蒸溜されているロンドン ドライ ジン。ロンドン塔を守る近衛兵「ビーフィーター」がラベルに描かれている。

ブルドッグ ロンドン ドライ ジン
BULLDOG LONDON DRY GIN

アルコール度数：40%

容量：700ml

生産地：イギリス

輸入元：CT Spirits Japan

ドラゴンアイ（竜眼）、ホワイトポピー、ラベンダー、ハスの葉など12種類のボタニカルをブレンド。カンパリ、チンザノと合わせたカクテル「ネグローニ」がお勧め。

フィフティ ポンド ジン
Fifty Pounds GIN

アルコール度数：43.5%

容量：700ml

生産地：イギリス

輸入元：ボニリジャパン

1736年、ジンの製造と販売を希望する者に年間 50ポンドのライセンス料を課したことに由来する銘柄。滑らかでフレッシュ。ジュニパー、シトラス、土の香りがバランス良く広がる。

フォレスト ジン
FOREST GIN

アルコール度数：42%

容量：700ml

生産地：イギリス

輸入元：都光

イングランド北西部・チェシャーのマックルズフィールド・フォレストで少量生産される。フレッシュで森を思わせる香り。ワイルドビルベリー、ラズベリー、シダなどがボタニカル。

ギルビージン 37.5°
GILBEY'S GIN 37.5°

アルコール度数：37.5%

容量：700ml

生産地：イギリス

輸入元：キリンビール

1857年から160年以上愛され続けている、歴史も国境も越えて気軽に楽しめるジン。柑橘系の香りが際立つ清涼感あふれたスムースな味わいで、12種類のボタニカルを使っている。

ヘイマンズ ロンドン ドライ ジン
HAYMAN'S LONDON DRY GIN

アルコール度数：41.2%

容量：700ml

生産地：イギリス

輸入元：国分グループ本社

1863年に創業したヘイマン社の看板商品で、当時のレシピを今も守り続けている。芳醇な香りとスパイシーなニュアンス、すっきりとした味わいが特長。

キングスバリー ビクトリアンバット・ジン
KINGSBURY VICTORIAN VAT GIN

アルコール度数：47%

容量：700ml

生産地：イギリス

輸入元：
ジャパンインポートシステム

ダブルジュニパー（通常のジンの2倍以上のジュニパーを用いる）による強烈なジュニパーとスパイシーな香り。樽で熟成されるため、淡い琥珀色になっている。

ロンドンヒル ドライジン
LONDON HILL Dry Gin

アルコール度数：47%

容量：700ml

生産地：イギリス

輸入元：明治屋

1785年の創業以来、門外不出とされる製法を守り続けている。爽やかな香気と複雑な味わいの中にも丸みがあり、かすかに甘く透明でキレのあるのど越し。

マーティン ミラーズ ジン
MARTIN MILLER'S GIN

アルコール度数：40%

容量：700ml

生産地：イギリス

輸入元：ユニオンリカーズ

1999年、創設者マーティン・ミラー氏が友人と共にイングランドで製造を開始。2つのポットスチルで蒸溜、良質なアイスランドの水を加えて仕上げている。優しいブーケと滑らかな口当たり。

オーガニック ブラック チャイ ジン
ORGANIC BLACK CHAI GIN

アルコール度数：43%

容量：700ml

生産地：イギリス

輸入元：
BROWN SUGAR 1ST. al

ロンドンの歴史ある「LONDON & SCOTTISH International LTD.」の高い蒸溜技術でスパイスとボタニカルの香りを抽出。紅茶、シナモン、カルダモンなどを使っており、ミルク系やホットカクテルと相性が良い。

ピムリコ・ジン
PIMLICO GIN

アルコール度数：57%

容量：700ml

生産地：イギリス

輸入元：
ジャパンインポートシステム

ロンドンの薬剤師、ジェームス・バロー氏の曾孫にあたるクリストファー・ヘイマン氏が経営するヘイマン・ディスティラーズ社が造るジン。ロンドンにある古い町の名前に由来した銘柄。

プリマス ジン
PLYMOUTH GIN

アルコール度数：41.2%

容量：700ml

生産地：イギリス

輸入元：
ペルノ・リカール・ジャパン

英国で最も古くから稼働しているジンの蒸溜所で、1793年よりオリジナルのレシピを守りながら製造。どこまでも滑らかでクリーミーな味わい。エレガントでフレッシュな香り高い余韻が長く続く。

サバティーニ ジン
SABATINI GIN

アルコール度数：41.3%

容量：700ml

輸入元：武蔵屋

コリアンダー、ワイルドフェンネル、ラベンダー、オリーブの葉など、イタリア・トスカーナ産の9つのボタニカルを使って造られる。フローラル＆ハーバル。

セイクレッド
オーガニック ジン
10倍ジュニパー
SACRED
ORGANIC GIN
10×JUNIPER

アルコール度数：48%

容量：700ml

生産地：イギリス

輸入元：ウィスク・イー

2009年、蒸溜家イアン・ハート氏により創業したセイクレッド スピリッツ社。工場ではなく、自宅で蒸溜を行っている。ワイルドなジュニパーの波が押し寄せる衝撃的な風味。

シップスミス
ロンドン ドライ ジン
SIPSMITH
LONDON DRY GIN

アルコール度数：41%

容量：700ml

生産地：イギリス

輸入元：サントリー

18〜19世紀頃の伝統的な製法とレシピを追求した、力強い正統派のドライジン。ジュニパーベリーのスパイシーさと、レモンタルトやオレンジマーマレードを思わせる味わい。

タンカレー ナンバーテン
Tanqueray No.TEN

アルコール度数：47.3%

容量：750ml

生産地：イギリス

輸入元：ディアジオ ジャパン

1960年代に誕生した400Lしか入らないスワンネックのオリジナル小型単式蒸溜器「TINY TEN（タイニーテン）」により蒸溜。エレガントで繊細な味わいが特長。

ゼイバージン
ZEIVER GIN

アルコール度数：47%

容量：700ml

生産地：イギリス

輸入元：スコッチモルト販売

日本酒の繊細で柔らかな味わいをジンで再現すべく、オックスフォード大学の生化学者とコラボレーションして開発。新潟産のコシヒカリをベースに造られている。

ダーンレイズ ジン ネイビー ストレングス
DARNLAY'S GIN NAVY STRENGTH

アルコール度数：57.1%

容量：700ml

生産地：スコットランド

輸入元：ウィスク・イー

ウイスキーを製造するキングスバーンズ蒸溜所と同じ敷地内で造られる。力強く、スパイシー。ナツメグやシナモン、ジンジャー、挽きたての黒胡椒を感じる。

エイトランズ オーガニック スペイサイド ジン
EIGHTLANDS ORGANIC SPEYSIDE GIN

アルコール度数：46%

容量：700ml

生産地：スコットランド

輸入元：RUDDER

スコットランド・スペイサイドのグレンリネス蒸溜所で、100%オーガニック原材料により製造。ボタニカルは蒸溜所の農園で生育されたコケモモとスイバを含む11種類。

アイル・オブ ハリスジン
ISLE OF HARRIS GIN

アルコール度数：45%

容量：700ml

生産地：スコットランド

輸入元：スコッチモルト販売

スコットランド・ハリス島にて、地域活性のための「ソーシャル・ディスティラリー」であるハリス蒸溜所によって造られる。シュガーケルプ（昆布）をキーボタニカルに9種類のボタニカルを使用。

ローンウルフ ジン
LONEWOLF GIN

アルコール度数：40%

容量：700ml

生産地：スコットランド

輸入元：ウィスク・イー

クラフトビールで知られるブリュードッグが立ち上げた蒸溜部門で製造される。100%麦芽の「ローグウェーブ シングルモルト ウォッカ」をベースに、14種類のボタニカルを使用。

のとジン
NOTOGIN

アルコール度数：43%

容量：500ml

生産地：ウェールズ

製造元：
イン ザ ウェルシュ ウィンド
蒸溜所
販売元：NTG

石川県・能登の柚子、月桂樹、榧（かや）、クロモジ、藻塩を含む9種類のボタニカルを、ウェールズのクリアなベーススピリッツで蒸溜。清涼感あふれる爽やかな香りが特徴。

ボルス ジュネヴァ
BOLS GENEVER

アルコール度数：42%

容量：700ml

生産地：オランダ

輸入元：アサヒビール

1820年、ルーカス・ボルス氏が考案したオリジナルレシピを再現。ウォッカのようにクリスタルでウイスキーのようにモルティー。カクテルベースに適した42度。

ノールド ジェネヴァ 15年

Noord's Genever 15 yo

アルコール度数：42%	
容量：700ml	
生産地：オランダ	
輸入元：ユニオンフード	

ズイダム ジール オードジュネヴァ 1年

Zuidam Zeer Oude Genever 1yo

アルコール度数：38%	
容量：500ml	
生産地：オランダ	
輸入元：ガイアフロー	

オレンジビターでも知られるノールドのジェネヴァ（ジュネヴァ）。柔らかく漂う、麦と樽の香り。ほかにフレッシュなヤング ジェネヴァ、さらに寝かせた20年がある。

昔ながらの伝統的な製法を守り、製造されるジュネヴァ。オランダ産のジュニパーとリコリスなど、ボタニカルは7種類。樽由来のバニラ香、リッチな穀物とナッティーな味わい。

ムーンジン チェリー

MOON GIN Cherry

アルコール度数：44%	
容量：500ml	
生産地：ベルギー	
輸入元：アレグレス	

パンダ オーガニック ジン

PANDA ORGANIC GIN

アルコール度数：40%	
容量：500ml	
生産地：ベルギー	
輸入元：マルカイコーポレーション	

ボタニカルと一緒に月の隕石（NWA 8277 Lunar）を浸け込み蒸溜した「ムーンジン オリジナル」に、チェリー、ローズ ペタルを加えたピンク色のジン。甘酸っぱさの中に、スパイスもしっかり感じる。

楊貴妃が愛したライチを使用していることにちなみ、中国の代表的な動物であるパンダを商品名とボトルデザインに採用。ボタニカルはチェリー、ローズマリー、バジルなど。

フェルディナンズ ザール ドライジン

FERDINAND'S SAAR DRY GIN

アルコール度数：44%

容量：500ml

生産地：ドイツ（ザール）

輸入元：田地商店

地の利を生かした有名ワイナリーとの競演。華やかでエレガントな白ワイン用品種「リースリング」を筆頭に、自家農園産の果実、花、ハーブを贅沢に使用して、この地ならではの味わいを表現。

シンケンヘーガー

Schinkenhäger

アルコール度数：38%

容量：700ml

生産地：ドイツ

輸入元：ユニオンリカーズ

スピリッツ＆リキュールメーカーとして知られるハイト社が販売するシュタインヘーガー（ドイツ産のジン）。「シンケン」はハムを意味し、ラベルにも描かれている。

シュリヒテ シュタインヘーガー

Schlichte **STEINHÄGER**

アルコール度数：38%

容量：700ml

生産地：ドイツ

輸入元：並行輸入品

ドイツ北西部の村、シュタインハーゲンで造られる。まろやかでストレートでも飲みやすいので、まずは冷凍庫で冷やして。3回蒸溜で、よりスムースな「ウルブラント」もある。

ジークフリート ラインラント ドライジン

SIEGFRIED RHEINLAND DRY GIN

アルコール度数：41%

容量：500ml

生産地：ドイツ

輸入元：グローバルグロサリー

ドイツの英雄、ジークフリートの伝説で有名な菩提樹の花をボタニカルに用いた繊細で複雑な風味。ドイツ・ラインラント地方で生産されている。

シタデル ジン
CITADELLE GIN

アルコール度数：44%

容量：700ml

生産地：フランス

輸入元：ボニリジャパン

コニャックの造り手・フェラン社が自社のポットスチルで蒸溜。19種類のボタニカルは傷めないよう特別な袋で運ばれている。ボース地方の小麦・カベット種がベース。

エギュベル ジン
Eyguebelle GIN

アルコール度数：40%

容量：700ml

生産地：フランス

輸入元：リラックス

南フランス・プロヴァンス地方のトラピスト派エギュベル修道院で造られるジン。上品で滑らか、甘く華やかな風味。ほかにウォッカやリキュールも製造している。

ジェネラス ジン
Generous GIN

アルコール度数：44%

容量：700ml

生産地：フランス

輸入元：
ジャパンインポートシステム

香水やワインを思わせる、エレガントで滑らかな風味。「エデンの園にある生命の樹を象徴するような蒸溜酒を造りたい」というディスティラーの夢から生まれた。

ゴールド999.9ジン
GOLD 999.9 GIN

アルコール度数：40%

容量：700ml

生産地：フランス

輸入元：
マルカイコーポレーション

蒸溜工程の一部に純金のポットスチルを使い、アルザス地方で製造される。ボタニカルはタンジェリン、アーモンド、ジンジャーなど12種類。ゴールドのボトルが目を引く。

ル・ジン クリスチャン・ドルーアン
Le Gin Christian Drouin

アルコール度数：42%

容量：700ml

生産地：フランス

輸入元：明治屋

カルヴァドスを製造する会社の果樹園で栽培される30種類のりんごをベースに、8つのボタニカルを別々に浸漬して蒸溜、ブレンド。ほのかな甘みを感じるエレガントな味わい。

エンジン オーガニックジン
ENGINE ORGANIC GIN

アルコール度数：42%

容量：750ml

生産地：イタリア

輸入元：リードオフジャパン

バイクを愛し、ツーリングを趣味にする創業者がガソリン缶から発想を得たブリキ缶のパッケージ。イタリア産小麦とアルプスの伏流水に、セージなど5種のオーガニック栽培ボタニカルを使用した100%イタリアジン。

マルフィ ジン コン・リモーネ
MALFY GIN CON LIMONE

アルコール度数：41%

容量：700ml

生産地：イタリア

輸入元：
ペルノ・リカール・ジャパン

イタリアのアマルフィ海岸にインスバイアされたブランド「マルフィ ジン」。コン・リモーネは香り高く爽やかなレモンのフレーバーに、アニス、柑橘、コリアンダーを感じる。

ジン アグリコロ ガダン
GIN AGRICOLO GADAN

アルコール度数：47%

容量：700ml

生産地：イタリア

輸入元：ゼログラ

イタリア・ピエモンテ州のワイナリーが造るジンで、ボタニカルのために専用の土地で35種類の植物を栽培している。ラベンダー、バラ、アイリスによる花の香り。

ロネルジン Z44
Z44
DISTILLED DRY GIN

アルコール度数：44%

容量：700ml

生産地：イタリア

輸入元：武蔵屋

ニオイスミレ、リンドウなど14種のボタニカルに、標高1600〜1700mに自生するヨーロッパハイマツの松かさで風味づけ。会社の住所Zallinger通り44番地と度数、Zirbel（松かさ）から命名。

バルセロナ ジンロウ
BARCELONA GINRAW

アルコール度数：42.3%

容量：700ml

生産地：スペイン

輸入元：アレグレス

シェフ、ミクソロジスト、ソムリエ、調香師の技術とセンスを融合させた、これまでにないガストロノミックジン。ロックで楽しめるほど香り高く、柔らかい飲み口。

ブルドン ジン イエルバブエナ
BURDON GIN HIERBABUENA

アルコール度数：37.5%

容量：700ml

生産地：スペイン

輸入元：ミリオン商事

モヒートに使われるミント「イエルバブエナ」とハーブを組み合わせており、フレッシュで爽やか。1960〜70年代に人気を博し、一度姿を消したブルドンジンが復活した。

ジン マーレ
GIN MARE

アルコール度数：42.7%

容量：700ml

生産地：スペイン

輸入元：Traders Market

スペインの小さな漁村、コスタ・ドラダで造られる"神のジン"。アルベキーナ種オリーブがキーボタニカルで、毎年酸味が異なるため二つとないジンが生まれる。

ジン ヴォルカニック
GIN VOLCANIC

アルコール度数：42%

容量：700ml

生産地：スペイン

輸入元：サス

ラタフィア・ラシッド（ハーブリキュール）とジュニパーベリー、火山石、地場の清らかな水を使い3回蒸溜。クルミをベースにボタニカルは18種以上。エレガントでスパイシー。

ノルデス アトランティック ガリシアン ジン
NORDES ATLANTIC GALICIAN GIN

アルコール度数：40%

容量：700ml

生産地：スペイン

輸入元：マルカイコーポレーション

白ワインで有名な葡萄種「アルバリーニョ種」から造られたベーススピリッツと、11種類のボタニカル。ハーバルでフローラル、スムースな飲み口。

キュロ ジン
KYRÖ GIN

アルコール度数：46.3%

容量：500ml

生産地：フィンランド

輸入元：リカーズハセガワ

フィンランドの自然にインスパイアされ、セイヨウナツユキソウ、白樺の葉など地元で収穫したボタニカルとフィンランド産ライ麦100%のベーススピリッツを使用。フルボディでハーバル。

ヘルノ オールドトム ジン
HERNO OLD TOM GIN

アルコール度数：43%

容量：500ml

生産地：スウェーデン

輸入元：都光

「ヘルノ ロンドンドライ」のレシピにメドウスイートを加えて蒸溜し、加水後に少量の糖分を加えている。甘味がフローラルな香りを引き立て、滑らかな口当たりに。

アデレードヒル 78° ドライ ジン
Adelaide Hills 78° Dry Gin

アルコール度数：42%

容量：700ml

生産地：オーストラリア

輸入元：千雅

ワインメーカーのサシャ・ラ・フォルジア氏によって2014年に蒸溜所が設立、翌年78°ジンが発売された。ブドウをベーススピリッツにした、スパイシーでフローラルなジン。

アップルウッド ジン
Applewood Gin

アルコール度数：43%

容量：500ml

生産地：オーストラリア

輸入元：千雅

アデレードヒルズの柑橘類にインスピレーションを得て造られた。デザートライムをはじめとした20種類のボタニカルを使用。シトラス&フローラル。

フォーピラーズ レアドライジン
FOUR PILLARS Rare Dry Gin

アルコール度数：41.8%

容量：700ml

生産地：オーストラリア

輸入元：ウィスク・イー

有機オレンジの風味が効いたスパイシーな味わい。オーストラリア産のペッパーベリーリーフやレモンマートルなど、10種類がボタニカル。オレンジはピールだけでなく丸ごと使っている。

マクヘンリー バレル エイジド ジン
McHenry Barrel Aged Gin

アルコール度数：40%

容量：700ml

生産地：オーストラリア

輸入元：
ヴァイアンドフェロウズ

「クラシックジン」をバーボンオークで12カ月熟成。ソレラシステムで2年以上かけ、最終的にブレンドしたものをボトリング。

マクヘンリー クラシック ドライ ジン
McHenry
Classic Dry Gin

アルコール度数：40%

容量：700ml

生産地：オーストラリア

輸入元：
ヴァイアンドフェロウズ

空気と水が綺麗なタスマニアの湧水を用いて、ポットスチルで2回蒸溜するクラシックな製法。ジュニパーベリー以外は、ボタニカルもタスマニア産。上品で滑らか、優しい味わい。

メルボルン ジン カンパニー
THE MELBOURNE GIN
COMPANY

アルコール度数：42%

容量：700ml

生産地：オーストラリア

輸入元：
ヴァイアンドフェロウズ

ワイナリーの敷地で生育するジュニバーベリーなどボタニカルを単一で蒸溜し、最終的にアッサンブラージュするというワインメーカーならではの造り。「MGC」の愛称で親しまれる。

ライトハウス ジン
LIGHTHOUSE GIN

アルコール度数：42%

容量：700ml

生産地：ニュージーランド

輸入元：
ヴァイアンドフェロウズ

ニュージーランド北島の最南端にあるケープ・パリサー灯台にインスピレーションを得て造られた。フレッシュでクリーン、深みのあるスパイスが余韻の長さと複雑さを与えている。

スケープグレース ブラック
SCAPEGRACE BLACK

アルコール度数：41.6%

容量：700ml

生産地：ニュージーランド

輸入元：オーシャン貿易

アロニアベリー（赤）、サフラン（オレンジ）、パイナップル（黄）、バタフライピー（青）、スイートポテト（紫）でナチュラルな黒色を実現。トニックウォーターを加えると紫色に。

スケープグレース ゴールド
SCAPEGRACE GOLD

アルコール度数：57%

容量：700ml

生産地：ニュージーランド

輸入元：オーシャン貿易

南アルプスの雪解け水と12種類のボタニカルで造られた「スケープグレース クラシック」に、ドライタンジェリンをプラス。3種の柑橘が香るネイビーストレングスのジン。

インドラブ ジン
INDLOVU GIN

アルコール度数：43%

容量：750ml

生産地：南アフリカ

輸入元：アセントジャパン

アフリカ・サバンナに生息する象の糞から取り出したアカシアやアロエがボタニカル。象によって厳選された良質で新鮮な植物は香り高く、豊富な栄養を含んでいる。

KWV クラックスランド ドライ・ジン
KWV Cruxland Dry Gin

アルコール度数：43%

容量：700ml

生産地：南アフリカ

輸入元：国分グループ本社

ブドウのベーススピリッツと8種類以上のボタニカルを再蒸溜、カラハリトリュフを浸漬して造られる。カラハリトリュフの土っぽさがフレッシュな香りを引き立てている。

エンプレス 1908
EMPRESS 1908

アルコール度数：42.5%

容量：750ml

生産地：カナダ

輸入元：都光

カナダ・ヴィクトリア蒸溜所とザ・フェアモント・エンプレス・ホテルの共同開発により誕生。インディゴブルーの液体はバタフライピーの花から抽出。トニックウォーターで紫色に。

ストラスコナ バレル エイジド ジン
STRATHCONA BARREL AGED GIN

アルコール度数：44%

容量：750ml

生産地：カナダ

輸入元：Heavenly Vines

エドモントンのバッドランド（荒地）と呼ばれる、掘ると化石が数多く出土する場所に自生するジュニパーベリーを収穫。アメリカンホワイトオークの新樽で熟成している。

ディクタドール ジン オートドキシー
DICTADOR GIN ORTODOXY

アルコール度数：43%

容量：700ml

生産地：コロンビア

輸入元：ミリオン商事

世界遺産の街カルタヘナにあるラム蒸溜所が製造するジンで、サトウキビが原料。ロンドン ドライ ジンをこよなく愛した、先代社長ダリオ・バラ氏によるブレンド。

カバラン ジン
KAVALAN GIN

アルコール度数：40%

容量：700ml

生産地：台湾

輸入元：リードオブジャパン

カバランウイスキーと同じモルトを原料に、2度の濾過と3回の蒸溜を経たピュアなスピリッツと台湾由来のボタニカル、雪山からのクリスタルウォーターを使用。芳醇さと、亜熱帯らしい果実味を感じる。

M&H オークエイジド レヴァント ジン
M&H OAK AGED LEVANTINE GIN

アルコール度数：40%

容量：700ml

生産地：イスラエル

輸入元：サイズ酒販

ベースが大麦麦芽100%で、THE M&H蒸留所ではシングルモルトジンと呼んでいる。3つの工程を経た特別な「STR樽」で数ヶ月間熟成。樽由来のバニラ香とややスパイシーなハーブのフレーバー。

フィーバーツリー
プレミアム トニックウォーター

FEVER-TREE
PREMIUM
TONIC WATER

容量：200ml

生産地：イギリス

輸入元：アサヒビール

人工的な添加物は一切使用せず、天然素材にこだわって作られるプレミアムミキサー。コンゴのキナ、メキシコのビター オレンジ由来のコクのある苦味と優しい甘味が特徴。

フィーバーツリー
メディタレーニアン
トニックウォーター

FEVER-TREE
MEDITERRANEAN
TONIC WATER

容量：200ml

生産地：イギリス

輸入元：アサヒビール

地中海地方のハーブのエッセンシャルオイルを使用。ローズマリーやタイムのアロマが広がる華やかな味わいが魅力で、特にシトラスの効いたジンとの相性が良い。

フィーバーツリー
エルダー フラワー
トニックウォーター

FEVER-TREE
ELDERFLOWER
TONIC WATER

容量：200ml

生産地：イギリス

輸入元：アサヒビール

丁寧に手摘みした香り高い英国産エルダー フラワーを用いており、爽やかでフルーティな苦味が特長。フルーティでフローラルなジンと合わせて。

シュウェップス
トニックウォーター

Schweppes
Tonic Water

容量：250ml

製造：日本

販売元：コカ・コーラ
カスタマー マーケティング

1783年、スイス・ジュネーブでヤコブ・シュウェップ氏がシュウェップス社を創業し、炭酸水製造方法を開発した。ほどよい酸味、甘味、強めの炭酸で飽きのこない味わい。

ファーブラザーズ
シトラス トニックウォーター

**Farr Brothers
"Citrus" Tonic Water**

容量：200ml

生産地：佐賀県小城市

製造元：友桝飲料
販売元：スコッチモルト販売

個性豊かなクラフトジンのために、横浜のバー
「Cocktail Bar Nemanja」北條智之さんが開発した。
「アイル オブ ハリス」のような、シトラス系のジンに。

ファーブラザーズ
フローラル トニックウォーター

**Farr Brothers
"Floral" Tonic Water**

容量：200ml

生産地：佐賀県小城市

製造元：友桝飲料
販売元：スコッチモルト販売

ローズ、エルダーフラワー、カモミール、オレンジなど
で組み立てたフローラルタイプ。フィニッシュにエル
ダーフラワーの存在感がはっきり現れる。「コッツウォ
ルズ ドライジン」に。

ファーブラザーズ
ハーバル トニックウォーター

**Farr Brothers
"Herbal" Tonic Water**

容量：200ml

生産地：佐賀県小城市

製造元：友桝飲料
販売元：スコッチモルト販売

キャッチーなローズマリーと特徴的な菩提樹の花が柔
らかく全体を包んでおり、ラベンダーがアクセントに。
「ジークフリート・ドライジン」のようなハーバル系の
ジンがお勧め。

ファーブラザーズ
フルーティー トニックウォーター

**Farr Brothers
"Fruity" Tonic Water**

容量：200ml

生産地：佐賀県小城市

製造元：友桝飲料
販売元：スコッチモルト販売

華やかなフルーティさに加え、マルメロとカモミール
でアップルを思わせる味わいを表現。「フェルディナ
ンズ ザール ドライ ジン」のようなフルーティ系のジ
ンと合わせて。

ウィルキンソン トニック
WILKINSON TONIC

容量：190ml

生産地：日本

製造・販売元：アサヒ飲料

冴えわたる苦味と酸味の絶妙なバランス。ジョン・クリフォード・ウィルキンソン氏が兵庫県宝塚で炭酸鉱泉を発見したことから、ウィルキンソンの歴史が始まった。

カナダドライ
トニックウォーター
CANADA DRY TONIC WATER

容量：500ml

製造：日本

販売元：コカ・コーラ
カスタマー マーケティング

カナダでソーダ水の製造販売をしていたJ.J.マクローリン氏がジンジャーエールを開発し、カナダドライが誕生。ボトルとグラスをあしらったバーコードデザインがユニーク。

n.e.o（ネオ）
プレミアム トニック ウォーター
n.e.o Premium TONIC WATER

容量：200ml

生産地：佐賀県小城市

製造元：友桝飲料

酸味と香りづけに沖縄産シークヮーサーの果汁を使用。カクテルの副材料としてだけでなく、ノンアルコール飲料としても楽しめる味わいに仕上げている。

kizashi
トニックウォーター 黄蘗
kizashi Tonic Water kihada

容量：200ml

生産地：山梨県甲州市

製造元：日和

縄文時代より日本の生薬として伝わる、ミカン科樹木のキハダから生まれたトニックウォーター。キハダと和柑橘の清々しい苦味と爽やかな香り、鮮やかな黄金色。香料、色素は無添加。

フェンティマンス
トニックウォーター

FENTIMANS
TONIC WATER

容量：200ml

生産地：イギリス

輸入元：オーブ

トーマス・フェンティマンス氏が製造を始めて以来、その工程が100年以上ほぼ変わらず受け継がれている。キナ抽出物によるトニック本来の苦味が味わえる一本。

フェンティマンス
ライトトニックウォーター

FENTIMANS
LIGHT
TONIC WATER

容量：200ml

生産地：イギリス

輸入元：オーブ

キナ抽出物由来の苦味にジュニパーベリーとカフィアライムの葉の風味をアクセントに加えたスタンダード品の糖分を30％カット。カロリーOFFのヘルシーカクテルに。

フェンティマンス
ルバーブトニックウォーター

FENTIMANS
RHUBARB
TONIC WATER

容量：200ml

生産地：イギリス

輸入元：オーブ

漢方やスイーツに使われ、"深紅の茎"と称される植物ルバーブの苦味と甘味を引き出したトニックウォーター。鮮やかなピンク色。

CAPI トニック
CAPI TONIC

容量：250ml

生産地：オーストラリア

輸入元：エー・ピー・オー

「クリーンでナチュラルな炭酸飲料を作りたい」というアイデアから誕生。選りすぐりの原料から作られた、保存料・添加物不使用、天然由来の自然派ドリンク。

Q
トニックウォーター
Q TONIC WATER

容量：198ml

生産地：アメリカ

輸入元：
シーエフシージャパン

トニックウォーターの甘さに疑問を持ったジョーダン・シルバート氏が優れたミキサーを創ろうとQ Mixersを設立。有機アガベを使って糖分を最小限に抑えており、爽やかでドライな味わい。

サントリー
トニックウォーター
**SUNTORY
TONIC WATER**

容量：200ml

生産地：日本

製造・販売元：サントリー

すっきりとした苦味と、爽やかなシトラスの香り。ミキサーとして最適な、自然な香りと味わいのトニックウォーター。

神戸居留地
トニックウォーター
**KOBE KYORYUCHI
TONIC WATER**

容量：185ml

生産地：日本

製造・販売元：富永貿易

柑橘系の酸味とほろ苦さ、はじける炭酸の爽快な飲み心地。ワンショット使い切りの185mlサイズ。缶容器でストックにも最適。

フランクリン
プレミアム・トニックウォーター
**FRANKLIN
PREMIUM
TONIC WATER**

容量：200ml

生産地：イギリス

輸入元：日本ビール

1886年、ロンドンでフランクリン兄弟によって設立されたフランクリン&サンズが製造。天然のキナ樹皮がたっぷり入り、ほのかな甘みを感じる。人工甘味料・添加物不使用。

製造・輸入・販売元　リスト（掲載順）

有限会社　佐多宗二商店	satasouji-shouten.co.jp
辰巳蒸留所(株式会社アルケミエ)	
アサヒビール株式会社	asahibeer.co.jp
株式会社 尾鈴山蒸留所	osuzuyama.co.jp
株式会社ニセコ蒸溜所	niseko-distillery.com
瑞穂酒造株式会社	mizuhoshuzo.co.jp
黄桜株式会社	kizakura.co.jp
大和蒸溜所(油長酒造株式会社)	yamato-distillery.jp
紅櫻蒸溜所(北海道自由ウヰスキー株式会社)	hlwhisky.co.jp
株式会社MCG	keyaki.miyagi-craft-gin.com
東京リバーサイド蒸溜所(エシカル・スピリッツ株式会社)	ethicalspirits.jp
黄金井酒造株式会社	koganeishuzou.com
小正醸造株式会社	komasa.co.jp
虎ノ門蒸留所	toranomondistillery.jp
株式会社サクラオブルワリーアンドディスティラリー	sakuraobd.co.jp
合資会社高田酒造場	takata-shuzohjyo.co.jp
有限会社大山甚七商店	jin7.co.jp
楠乃花蒸溜所(株式会社スティルダム・サガ)	stilldam.saga.jp
TATEYAMA BREWING 株式会社	tateyama-brewing.studio.site
合同酒精株式会社(オエノングループ)	oenon.jp
千代むすび酒造株式会社	chiyomusubi.co.jp
TL Pearce蒸留所	tlpearce.com
東京八王子蒸溜所(株式会社大信)	hachioji-distillery.jp
武蔵野蒸溜所(株式会社マツザキ)	1887.co.jp
株式会社山本酒造店	yamamoto-brewery.com
岐阜中津川蒸溜所(株式会社サラダコスモ)	nakatsugin.thebase.in
株式会社 南部美人	nanbubijin.co.jp
株式会社 石川酒造場	kamejikomi.com
京屋酒造 有限会社	kyo-ya.com
株式会社 積丹スピリット	shakotan-spirit.co.jp
司牡丹酒造株式会社(マキノ蒸溜所)	makinogin.com
まさひろ酒造株式会社	masahiro.co.jp
沼津蒸留所(株式会社FLAVOUR)	flavour.jp
ろくもじ株式会社	rokumoji.com
株式会社ウィスク・イー	whisk-e.co.jp
サントリーホールディングス株式会社	suntory.co.jp
CT Spirits Japan 株式会社	ctspiritsjapan.co.jp
ボニリジャパン株式会社	bonili.com
株式会社都光	toko-t.co.jp
国分グループ本社株式会社	kokubu.co.jp
株式会社ジャパンインポートシステム	jisys.co.jp
株式会社明治屋	meidi-ya.co.jp
ユニオンリカーズ株式会社	union-liquors.com
株式会社BROWN SUGAR 1ST. al	brownsugar1st-al.com
ペルノ・リカール・ジャパン株式会社	pernod-ricard-japan.com
株式会社 武蔵屋	store.musashiya-net.co.jp
ディアジオ ジャパン株式会社	diageo.jp
スコッチモルト販売株式会社	scotch-malt.co.jp
株式会社RUDDER	rudd.jp
NTG	notogin.com
株式会社ユニオンフード	union-foods.co.jp
ガイアフロー株式会社	gaiaflow.co.jp
株式会社アレグレス	allegresse-japan.com
マルカイコーポレーション株式会社	marukai.co.jp
株式会社田地商店(信濃屋食品輸入卸売部門)	shinanoya.co.jp
合同会社グローバルグロサリー	glgr.co.jp
株式会社リラックス	re-lax.co.jp
リードオフジャパン株式会社	lead-off-japan.co.jp
株式会社ゼログラ	zerogra.co.jp
ミリオン商事株式会社	milliontd.co.jp
株式会社Traders Market	tr-market.jp
株式会社サス	shop.spainclub.jp
リカーズハセガワ(有限会社八重洲長谷川酒食品)	liquors-hasegawa.jp
株式会社千雅	youshuchiga.shop-pro.jp
ヴァイアンドフェロウズ株式会社	vaiandcompany.com
オーシャン貿易株式会社	oceantrading.co.jp
アセントジャパン合同会社	ibhu.co.za/japan
Heavenly Vines株式会社	heavenlyvines.com
キリンホールディングス株式会社	kirin.co.jp
サイズ酒販(株式会社サイズ)	scytheshuhan.stores.jp
コカ・コーラ カスタマー マーケティング株式会社	cccmc.jp
株式会社友桝飲料	tomomasu.co.jp
アサヒ飲料株式会社	asahiinryo.co.jp
日和株式会社	hiyori-corp.com
株式会社オーブ／HERITAGE JAPAN	orb-inc.com
株式会社エー・ピー・オー	capi-aquastore.com
株式会社シーエフシージャパン	cfcjapan.co.jp
富永貿易株式会社	tominaga.co.jp
日本ビール株式会社	nipponbeer.jp

Gin Cocktails I

The Bar Top Note III
Shingo Noma

桜尾ジン オリジナル SAKURAO GIN ORIGINAL

ゴードン ロンドン ドライジン GORDON'S LONDON DRY GIN

SAKURAO GIN ORIGINAL

桜尾ジン オリジナル

アルコール度数:47% 容量:700ml
製造元:株式会社サクラオブルワリーアンドディスティラリー

厳選された広島産の素材で造られる

広島県廿日市市桜尾に本社を置く、サクラオブル
ワリーアンドディスティラリーが2017年に設立した
蒸溜所で、ドイツ製のハイブリッド蒸溜器を用い
て製造される。広島県産のフレッシュな柑橘類な
ど9種類のボタニカルと、ジュニパーベリー、コリア
ンダーシードなど計14種類の原料を使用。柑橘
の香りと伝統的なジンの風味が融合したアロマ
が特徴。

主なボタニカル (ジュニパーベリー以外)

●グリーンレモン ●ネーブル ●夏ミカン ●橙
●川根柚子 ●ヒノキ ●緑茶 ●赤紫蘇 ●高原生姜

Bartender's Impression

「伝統的なロンドンドライジンのスタイルで造られた、オールラウンダーな
ジン。スタンダードカクテルのベースとして幅広く使えます。炭酸系で割
ると爽やかな柑橘香が感じられ、ロックでは舌触りの甘い正統派な味
わいに。最もお勧めなのが水割りで、1:1の比率でロングステアをするこ
とで桜尾ジンのボタニカルが花開きます。少し甘味を足すと、より骨格が
はっきりとして飲みごたえのある一杯になります」 （野間さん）

桜尾リッキー
SAKURAO Rickey

桜尾ジンは広島産のフレッシュな柑橘を豊富に使用しているので、まずはシンプルなジンリッキーを試して頂きたいです。ピールをかけたような爽やかさのあるレモンフレーバーオイルによって、広島レモンの生き生きとした風味をさらに感じられます。

材料

桜尾ジン オリジナル	40ml
ソーダ（ウィルキンソン タンサン）	120ml
カットレモン	1/4個
レモンフレーバーオイル※	5ml

作り方

❶ タンブラーにレモンを搾り、氷と桜尾ジンを入れてステアする。

❷ ソーダを注ぎ、軽く混ぜる。

❸ レモンフレーバーオイルを垂らす。

※［ レモンフレーバーオイル ］

材料：エクストラバージンオイル 300ml ／レモン（無農薬）2個

① エクストラバージンオイルと、皮ごと粗めにカットしたレモンをブレンダーにかける。

② 容器に移し、冷蔵庫で3日間浸漬する。

③ 濾して、冷蔵保存する。

桜尾スリング
SAKURAO Sling

ジンに少量の砂糖を加えて、水また
はソーダで割ったカクテル「ジンスリ
ング」のツイスト。桜尾ジンの繊細
なボタニカルを活かすには、水割り
が最もお勧めです。アルコールと水
は混ざりにくいため、ロングステアで。
甘くスパイシーなフェンネルを齧りな
がら、召し上がってください。

材料

桜尾ジン オリジナル	40ml
ミネラルウォーター（超軟水）	80ml
瀬戸内シトラスコーディアル※	10ml

ガーニッシュ

ドライレモン（ディハイドレーターで乾燥したもの／70度・8時間）

	1枚
フェンネル	適量

作り方

❶ 材料と氷をタンブラーに入れて、充分にステアする。
❷ ガーニッシュを飾る。

※[瀬戸内シトラスコーディアル]
材料：広島レモン（無農薬）2個／広島ライム 2個
／ネーブルオレンジ 2個／グラニュー糖 500g ／水
500ml

① 鍋に水を入れて沸騰させ、グラニュー糖を加えて溶か
す。
② ブレンダーでレモン、ライム、ネーブルオレンジを皮ご
と粗めに撹拌する。
③ ②が温かいうちに①へ移し、ひと晩浸ける。
④ 濾して、冷蔵保存する。

桜尾
オイスター シューター
SAKURAO Oyster Shooter

瀬戸内海の気候と、豊かな海が育む美味しい牡蠣を用いたシューターカクテル。桜尾ジンのラインナップである「リミテッド」や「ハマゴウ」で召し上がるのもお勧めです。リミテッドは牡蠣殻が原料のひとつとして浸漬されているため、海の香りを強く感じられます。

材料

桜尾ジン オリジナル（冷凍）	30〜45ml
牡蠣の燻製	1個

ガーニッシュ

カットレモン	1/8個
雪塩	適量
生胡椒の塩漬け	適量

作り方

❶ ショットグラスに桜尾ジンを注ぐ。
❷ 牡蠣の燻製とガーニッシュを❶に添える。

飲み方

❶ ジンを注いだショットグラスの中に、牡蠣を入れる。
❷ ほのかな燻製香と牡蠣の塩気が付いた❶をひとくち飲む。
❸ 雪塩を舌の上に広げた後、レモンをかじる。
❹ すぐに❷の残りを牡蠣ごと流し込み、口内でマリアージュさせる。
　※好みで生胡椒の塩漬けをかじると、スパイス感が牡蠣の旨味を増幅させる。

桜尾スタイル
ソルティドッグ
SAKURAO Style Salty Dog

レモン、オレンジ、柚子などの柑橘を使った桜尾ジンにグレープフルーツの苦味を加えると、複雑なアロマが形成されます。ビターズで柚子の香りをさらに増幅し、オリーブの油分でグレープフルーツの苦味を引き出しました。ジンをベースにした、オールドスタイルのソルティドッグ（※）です。

※オールドスタイルのソルティドッグ
現在、ソルティドッグは塩でリムドしたグラスにウォッカとグレープフルーツジュースを入れて混ぜるのが一般的だが、かつてはジンとグレープフルーツジュース、塩をシェイクして作っていたといわれている。

材料
桜尾ジン オリジナル	30ml
グレープフルーツ ジュース	30ml
藻塩	1つまみ
柚子ビターズ（ザ ジャパニーズ ビターズ）	2dashes

ガーニッシュ
オリーブ	1個

作り方
❶ 材料をシェイクして、氷を入れたロックグラスに注ぐ。
❷ オリーブを飾る。

スプリング テイル
Spring Tail

桜尾ジンは、廿日市市桜尾で誕生
しました。廿日市市で最も古い公園
である桂公園は、桜の名所としても
知られています。今を盛りと華やぐ
桜花、桜尾の慶びを鮮やかなピン
ク色のカクテルで表現しました。桜
尾＝スプリングテイルです。

材料

桜尾ジン オリジナル	30ml
桜リキュール（サントリー 奏）	10ml
カンパリ	10ml
レモンジュース	10ml
ローズシロップ（モナン）	1tsp

ガーニッシュ

ベルローズ	2枚

作り方

❶ 材料をシェイクして、カクテルグラスに注ぐ。
❷ ベルローズを飾る。

GORDON'S LONDON DRY GIN

ゴードン ロンドン ドライジン

アルコール度数:43%　容量:750ml
輸入元:ディアジオ ジャパン株式会社

250年以上の歴史あるブランド

1769年、ロンドンのサザークでアレクサンダー・ゴードン氏が蒸溜事業を開始。ジュニパーベリーをモチーフにした紫色と、ゴードンのイメージカラーである黄色を組み合わせたラベルデザインで、ゴードン家のシンボル"BOAR（ボア・猪）"や世界的な酒類コンペティションで受賞したメダルを配している。約180ヵ国で愛飲される、すっきりとした爽快な飲み心地。

主なボタニカル（ジュニパーベリー以外）

● 非公表

Bartender's Impression

「冷凍してストレートで飲むと程よいジュニパー感と爽やかな柑橘香が、炭酸系で割るとゴードンのハーバルな香りが引き立ちます。ゴードンにはスパイシーさやフローラルな風味もあり、生姜やシナモンといったフレッシュなスパイスや、グレープフルーツビターズなど多くのビターズとも好相性。また、コシが強いのでシェイクに耐えられるジンとしてショートスタイルのカクテルによく用いています」　　　　　　　　（野間さん）

ゴードン G&T
GORDON'S G&T

「世界で初めてジントニックを生んだブランド」といわれるゴードン。高品質なジュニパーベリーの香りとしっかりとしたコシを持つジンで、トニックウォーターの苦味やライムの酸味との相性は抜群です。ジュニパービターズを少量加えて、47度で発売されていた頃の力強いゴードンを再現しました。

材料
ゴードン ロンドン ドライジン	40ml
トニックウォーター（ウィルキンソン）	120ml
ライムジュース	5ml
ジュニパービターズ（ビターバスターズ）	2dashes

ガーニッシュ
ライムピール	1枚

作り方
❶ タンブラーにトニックウォーター以外の材料と氷を入れて、ステアする。
❷ トニックウォーターを注ぎ、軽く混ぜる。
❸ ライムピールをかけて、飾る。

ブリテン ファッションド
Britain Fashioned

海外で人気のウイスキーカクテル「オールドファッションド」をツイストしました。ゴードンとドランブイ（※）、どちらもイギリス産の"ブリテン"ファッションドです。ウイスキーをベースに造られるドランブイの爽やかなハーブ香がゴードンと合わさり、心地良い余韻が広がります。

※ドランブイ
スコッチウイスキーをベースに、スパイスやハーブ、ヘザーハニー（花の蜜）をブレンドしたリキュール。

材料

ゴードン ロンドン ドライジン	60ml
ドランブイ	15ml
角砂糖	1個
アンゴスチュラビターズ	3dashes
蜂蜜	1tsp
ソーダ（ウィルキンソン タンサン）	30ml

ガーニッシュ

カットライム	1/8個
カットオレンジ	1/8個
マラスキーノチェリー	1個

作り方

❶ ロックグラスに角砂糖を入れて、ビターズを振りかける。

❷ ソーダを注ぎ、角砂糖を軽く溶かす。

❸ ゴードン、ドランブイ、蜂蜜を入れて軽く混ぜ、氷を加える。

❹ ガーニッシュを飾る。

ロイヤル ワラント
Royal Warrant

1925年、英国王室御用達として
認められたゴードンと、イギリスのグ
レイ伯爵が好んだことからその名
がつけられたアールグレイティーの
組み合わせ。ベルガモットの香りを
纏った、ティーカクテルです。ピムス
とエルダーフラワーが、カクテルをよ
り華やかに引き立てます。

材料

ゴードン ロンドン ドライジン	40ml
ピムスリキュール	30ml
アールグレイ コールドブリューティー※1	90ml
フレッシュ エルダーフラワー コーディアル※2	10ml

ガーニッシュ

カモミール	適量

作り方

❶ 材料をスローイングして、氷を入れたワイングラスに
注ぐ。

❷ カモミールを飾る。

※1 [アールグレイ コールドブリューティー]
材料：アールグレイ茶葉（FBOP）8g／ミネラルウォー
ター（硬度 60〜80mg/L）1L

① ミネラルウォーターに茶葉を浸けて、冷蔵庫で24時
間抽出する。

② 濾して、冷蔵庫で保存する（1週間ほど保存可能）。

※2 [フレッシュ エルダーフラワー コーディアル]
材料：フレッシュ エルダーフラワー（ドライハーブでも可
能）50g／レモンスライス（無農薬）2個／グラニュー
糖 1kg／水 1L

① 鍋に水を入れて沸騰させ、グラニュー糖を加えて溶か
す。

② 水洗いして花びらのみにしたエルダーフラワーと、レ
モンスライスを①に入れてひと晩浸ける。

③ 濾して、冷蔵保存する。

ジン クレイズ
Gin Craze

18世紀、ロンドンで粗悪なジンや犯罪者を大量に生み出した暗黒の時代「ジン クレイズ（狂気のジン）」を表現しました。禁断のお酒といわれたアブサンと、かつてその人気から模倣品が乱立したザ・グレンリベットを合わせた「アースクエイク」（※）のツイストです。

※アースクエイク
ジン、ウイスキー、アブサンを同量でシェイクするカクテル。

材料

ゴードン ロンドン ドライジン	20ml
アブサン（50度以上のもの）	20ml
ウイスキー（ザ・グレンリベット12年）	20ml

ガーニッシュ

ブラックペッパー	適量

作り方

❶ ブラックペッパーでカクテルグラスをハーフリムする。

❷ 材料をシェイクして、❶にダブルストレイン。

アレクサンダー・G
Alexander G

一説によれば、英国王エドワード7世の即位式で献上されたというカクテル「アレキサンダー」。ゴードンの創設者であるアレクサンダー・ゴードンから連想し、ジンベースのレシピ（※）をツイストしました。爽やかなサワーチェリー ビターズが甘口のカクテルを程よく引き締めています。

※ジンベースのレシピ
日本ではブランデーベースの「アレキサンダー」が知られているが、ジン、クレームドカカオ、生クリームをシェイクして作るカクテルが「アレキサンダー No.1」または「プリンセスメアリー」として文献に掲載されていることが多い。

材料
ゴードン ロンドン ドライジン	20ml
ホワイトカカオ リキュール（エギュベル）	20ml
生クリーム（フレッシュクリーム47／7分立て）	40ml
サワーチェリー ビターズ（ビターバスターズ）	3drops

ガーニッシュ
チェダーチーズ	適量

作り方
❶ サワーチェリー ビターズ以外の材料を充分にシェイクして、カクテルグラスにダブルストレイン。
❷ サワーチェリー ビターズをドロップする。
❸ チェダーチーズをグレーターで削りかける。

The Bar Top Note Ⅲ

Bartender

野間　真吾

広島県広島市生まれ。18歳よりホテルや飲食
店などでの勤務を経て、2013年に独立。広
島市内に3店舗のバーと2店舗の紅茶専門店
を展開する。地場の特産品を使った商品開
発や観光プロモーター、地元酒造のアンバサ
ダーなどを務め、広島の魅力を発信し続ける
郷土愛あふれるバーテンダー。カクテルコンペ
ティションにも積極的に出場し、数々の賞を受
賞している。

BAR info

The Bar Top Note Ⅲ　広島県広島市中区紙屋町1-4-3 2F　082-258-1277

Gin Cocktails II

BAR ORCHARD GINZA
Takuo Miyanohara

香の森 KANOMORI

ニッカ カフェジン NIKKA COFFEY GIN

KANOMORI
香の森

アルコール度数:47%　容量:700ml
製造元:養命酒製造株式会社

雄大な自然が生み出す森のジン

クロモジの細枝、葉、太枝を主体に、深く静寂な
日本の森をイメージした造り。その風味を引き立
たせるため18種類のボタニカルを厳選して加え、
重厚で奥行きのある香味を生み出している。仕
込水は、中央アルプスの花崗岩で磨かれた硬度
約18mg/Lの極軟水。クロモジの彫刻を施したボ
トルが美しい。度数が控えめで軽やかな「香の
雫」もある。

主なボタニカル (ジュニパーベリー以外)

- クロモジ　●ローズマリー　●松の葉　●杉の葉
- シナモン　●ローレル　●セージ　●花椒　●生姜
- オレンジピール　●アンジェリカ　●杜仲葉　●桑の実
- クコの実　●レモンピール　●リコリス
- アニスシード　●カルダモン

Bartender's Impression

「香の森は割り材によって香りが広がる構造なので、ボタニカルを意識
した素材を選ぶと良いでしょう。柚子などの和柑橘、レモン、オレンジ、土
や根に共通する生姜、カルダモン、ローズマリー、人参、シナモンなど。甘
味を加えるなら、ボタニカルの風味を感じやすいようにフレーバーの付
いていないシンプルなシロップや砂糖がお勧めです。ライムを搾らずに、
ソーダで割るだけでも」

（宮之原さん）

香の森トニック
Kanomori Tonic

香の森の甘味や香りをより楽しめ
るよう、トニックウォーターだけでなく
ソーダを加えました。ローズマリーは
ライムや杜松と共通する香りがあり、
フレッシュさが大事。炙るとネガティ
ブな香りに変わってしまうので、その
まま使ってください。

材料

香の森	45ml
レモンジュース	5ml
トニックウォーター（フィーバーツリー）	60ml
ソーダ（ウィルキンソン タンサン）	30ml

ガーニッシュ

レモンピール	1片
ローズマリー	1本
ピンクペッパー	2〜3粒

作り方

❶ 冷やしたタンブラーに氷と材料を入れて、軽く混ぜ
る。

❷ レモンピールをかけ、ローズマリー、ピンクペッパー
と共にグラスの上面に飾る。

ジンジャー ギムレット
Ginger Gimlet

土や根の香りを感じる生姜と、ショウガ科のカルダモンはいずれも香の森のボタニカル。ガーニッシュには清涼感のあるローリエを選び、少し炙って香りを引き立たせました。生姜以外に、花椒やシナモンをメインに用いてもいいですね。

材料

香の森	50ml
Ⓐライムジュース	20ml
Ⓐ生姜	1片
Ⓐシンプルシロップ	7.5ml
Ⓐカルダモンパウダー	1振り
ローリエ	1枚

作り方

❶ Ⓐをプレミックスする。

❷ 香の森とⒶをシェイクして、冷やしたカクテルグラスに注ぐ。

❸ ローリエを炙って、飾る。

人参カクテル
Carrot Cocktail

根を土深くまで張って生長する人参と、日本の深く静寂な森をイメージした香の森で、土や緑を思わせる組み合わせに。カンパリを加えることで苦味にレイヤーができ、オレンジの色合いが綺麗に仕上がります。

材料

香の森	45ml
キャロットジュース	30ml
カンパリ	10ml
レモンジュース	5ml
トニックウォーター	適量

ガーニッシュ

人参の葉	1本

作り方

❶ 冷やしたロックグラスに氷と材料を入れて、軽く混ぜる。

❷ 人参の葉を飾る。

森の
オールドファッションド
Forest Old Fashioned

オールドファッションドはお客さまの好みでフルーツなどを潰したり混ぜたりして頂くカクテルですが、このレシピはそのまま召し上がれる完成形。アブサンの原料であるアニスシードは香の森にも使われていて、その香りがグラスを包み込みます。

材料

香の森	50ml
アブサンスプレー	2〜3spray
Ⓐカットオレンジ	1/6個
Ⓐレモンジュース	1tsp
Ⓐ砂糖	2tsp
Ⓐアンゴスチュラ ビターズ	2dashes
Ⓐジンジャービターズ（ボブズ）	2dashes
Ⓐソーダ	5ml

ガーニッシュ

ローズマリー	1本

作り方

❶ ロックグラスにⒶを入れて、ペストルで潰す。

❷ 香の森と氷を加えて、ステアする。

❸ アブサンスプレーをかけて、ローズマリーを飾る。

ティー ネグローニ
Tea Negroni

昨今流行っているカフェネグロー
ニに対し、ティーネグローニをという
発想で創作しました。イメージした
のは、シナモンティー。オレンジピー
ルがお茶の要素をより引き出します。
冷え過ぎないよう、ガローネで大きく
混ぜ合わせて。

材料

香の森	30ml
スイートベルモット（カルパノ アンティカ フォーミュラ）	
	30ml
カンパリ	30ml
シナモンパウダー	1振り

ガーニッシュ

オレンジピール	1片
ドライオレンジ	1枚
シナモンスティック	1本

作り方

❶ 材料をガローネ（※）でスワリングし、氷を入れたロッ
クグラスに注ぐ。

❷ ガーニッシュを飾る。

※ガローネ
　スワリングで香りを立たせたり、一度に大量のカクテルが作
　れる大容量のミキシンググラスとして使われるバーツール。

NIKKA COFFEY GIN
ニッカ カフェジン

アルコール度数：47%　容量：700ml
製造元：ニッカウヰスキー株式会社

シトラスとスパイシーな山椒が調和

世界でも稀なカフェスチル（※）とニッカならでは
の製造技術を用いて造られており、スパイシーな
山椒のフレーバーが印象的。開発の際にテーマ
となったのも「緑を想起させるジン」で、美しい緑
色をした山椒の実が使われている。コクのある甘
い口当たりと、複雑な味わい。

※カフェスチル（カフェ式連続式蒸溜機）
　　1826年にスコットランドでロバート・スタイン氏が発明、
　　1830年にアイルランドのイーニアス・カフェ氏が改良して
　　特許を取得した連続式蒸溜機。現在も稼働している蒸溜
　　所はごく僅か。

主なボタニカル（ジュニパーベリー以外）

●柚子　●甘夏　●かぼす　●山椒　●りんご

**Bartender's
Impression**

「国産の山椒を使用しているため、青っぽい香りにスパイシーさが加
わったジン。山椒や木の芽はもちろん、すだち、かぼす、柚子といった和
柑橘、レモンやライム、バジル、パクチー、ミントなどのハーブとも相性が
良いです。スライスしたリンゴも香りのアクセントとして有効。カフェジンの
ボタニカルを理解して、共通の香りや味わいを広げることを念頭に置い
ています」
　　　　　　　　　　　　　　　　　　　　　　　　　　　　　　（宮之原さん）

ニッカ カフェ ジン トニック
Nikka Coffey Gin Tonic

和柑橘の柔らかい酸味と、山椒の
スパイシーさが調和したカフェジン
にフレッシュなすだちを加えて、より
爽やかに香り高く。すだちは横半分
にカットして、皮の香りが果汁へ移
るように搾ります。和食に合うジント
ニックです。

材料
ニッカ カフェジン	45ml
すだち	1個
トニックウォーター (フィーバーツリー)	60ml
ソーダ (ウィルキンソン タンサン)	30ml

ガーニッシュ
乾燥した山椒の実	2〜3粒
ピンクペッパー	2〜3粒
木の芽	1葉

作り方
❶ 冷やしたタンブラーに氷と材料を入れて、軽く混ぜる。
❷ ガーニッシュを飾る。

カフェ ギブソン
Coffey Gibson

カフェジンの青っぽくスパイシーな香りに、オニオンの辛味を合わせたギブソン。ベルモットとオレンジピールの香りを付けたミキシンググラスでジンのみをステアして、カフェジンの風味を引き立たせました。❶のショットグラスは、チェイサーに。

材料

ニッカ カフェジン	60ml
ドライベルモット（ルータン）	10ml
オレンジピール	1片

ガーニッシュ

レモンピール	1片
パールオニオン	1個

作り方

❶ 冷やしたミキシンググラスにドライベルモットとオレンジピールを入れて軽くステアし、ショットグラスに注ぐ。

❷ ❶のミキシンググラスにカフェジンを入れてステアし、カクテルグラスに注ぐ。

❸ レモンピールをかけて、パールオニオンを添える。

カフェ
バジルスマッシュ
Coffey Basil Smash

カフェジンの青い香りと、スパイシーさがしっかり
と残る一杯。山椒、ミント、レモングラス、ローズマ
リー、スライスしたリンゴ、キュウリなどを使っても
いいですね。バジルはフレッシュなものを。

材料

ニッカ カフェジン	50ml
レモンジュース	20ml
シンプルシロップ	10ml
バジル	適量

ガーニッシュ

バジル	1枚

作り方

❶ 材料をボストンシェーカーに入れて、ペストルで潰す。

❷ 氷を加えてシェイクし、ストレーナーで濾しながら
  ロックグラスに注ぐ。

❸ バジルを飾る。

甘夏ブロッサム
Amanatsu Blossom

ジンとオレンジジュースをシェイクするスタンダードカクテル「オレンジブロッサム」を甘夏で作りました。甘夏がなければ、オレンジジュース30mlにレモンジュース1tspを加えても。オレンジチェッロは、コアントローで代用できます。

材料

ニッカ カフェジン	30ml
甘夏ジュース	30ml
オレンジチェッロ※	7.5ml

ガーニッシュ

甘夏ピール	1片

作り方

❶ 材料をシェイクして、冷やしたカクテルグラスに注ぐ。

❷ 甘夏ピールをかけて、飾る。

※[オレンジチェッロ]
材料：ウォッカ（スピリタス）500ml ／オレンジピール（白い甘皮を取り除いたもの）5玉分／水500ml ／砂糖 350g

① ウォッカにオレンジピールを10日間浸けて、コーヒーフィルターで濾す。

② 水と砂糖を混ぜて溶かし、シロップを作る。

③ ①と②を合わせ、1週間ほど冷凍庫で寝かせる（その後も冷凍庫で保存する）。

カフェ ラスト ワード
Coffey Last Word

パクチーの根や葉の独特な青い香りに、ハーブリキュールのシャルトリューズが調和してベジーな仕上がりに。その青っぽさ、ベジーな香りがカフェジンとマッチします。スタンダードカクテル「ラスト ワード」のツイストです。

材料

ニッカ カフェジン	50ml
シャルトリューズ ヴェール（グリーン）	10ml
マラスキーノ	10ml
レモンジュース	10ml
パクチー	2〜3本

ガーニッシュ

レモンピール	1片

作り方

1. 材料をボストンシェーカーに入れて、ペストルで潰す。
2. 氷を加えてシェイクし、ストレーナーで濾しながらカクテルグラスへ注ぐ。
3. レモンピールをかける。

BAR ORCHARD GINZA

Bartender
宮之原　拓男

鹿児島県出身。大学卒業後に「ホテルオーク
ラ神戸」へ入社し、ソムリエとして配属される。
さまざまなレストランでの勤務を経て、バーテン
ダーへ転属。2007年、奥様の寿美礼さんと共
に銀座で「BAR ORCHARD GINZA」を
開業し、メキシコのバーショーをはじめ世界各
国でマスタークラスを実施するなど精力的に
活動。季節のフルーツをテーマに、クリエイティ
ブなカクテルを創作し続けている。

BAR info

BAR ORCHARD GINZA　東京都中央区銀座6-5-16 三楽ビル 7F　TEL：03-3575-0333

Gin Cocktails Ⅲ

Flying Bumblebee
Ai Igarashi

ビーフィーター 24 BEEFEATER 24

タンカレー ロンドン ドライジン TANQUERAY LONDON DRY GIN

BEEFEATER 24

ビーフィーター 24

アルコール度数:45%　容量:700ml
輸入元:サントリー

お茶の未知なる可能性を探求

24時間刺激的な街、ロンドンのイメージとビーフィーターの特徴である24時間のスティーピング（ボタニカルの浸け込み）からネーミング。マスターディスティラーのデズモンド・ペイン氏が日本の煎茶にインスピレーションを得たことで、通常のビーフィーターに使われる9種類のボタニカルに3種類を加えたレシピが完成した。

主なボタニカル（ジュニパーベリー以外）

- 日本の煎茶　● 中国緑茶　● グレープフルーツピール
- レモンピール　● アーモンド　● セビルオレンジピール

Bartender's Impression

「ビーフィーター 24は、お茶とグレープフルーツピールのビターな余韻が印象的なジン。常温でテイスティングすると、お茶由来の味わいがよりはっきりと探せると思います。シェイクで混ぜるとビターなニュアンスが際立つので、その調整をしっかりすることがポイント。また、ワインビネガーなど柑橘以外の酸味との相性も抜群です。通常のビーフィーターと飲み比べてみても面白いですよ」

（五十嵐さん）

24 ジントニック
24 Gin & Tonic

苦味にフォーカスした味わいのビーフィーター24と、キナの木由来のナチュラルな苦味と爽快感を持つフィーバーツリーの組み合わせ。国内における一般的なジントニックに比べて、ビター感のある一杯が完成します。もともと備わった苦味を楽しんで頂くため、ビターズは加えません。

材料

ビーフィーター24 ……………… 30ml
ライムジュース ……………… 5ml
トニックウォーター（フィーバーツリー）……… 適量

ガーニッシュ

グレープフルーツ ピール ……… 1片

作り方

❶ タンブラーに氷と材料を入れて、軽くステアする。
❷ グレープフルーツ ピールをかけて、入れる。

バラ マーケット
Borough Market

ロンドンの「バラマーケット」を訪れた際、地域の生活に根付いた市場の迫力と熱気に圧倒されました。その時の感覚が忘れられず、市場で売られている食材を使って表現したのがこちらのカクテルです。ジンとアボカドは好相性で、あまり甘くないデザートカクテルを意識して作りました。

材料

ビーフィーター24	30ml
ライムジュース	15ml
蜂蜜	20ml
アボカド	20g
マスカルポーネチーズ	10g
オリーブオイル	3drops

作り方

❶ オリーブオイル以外の材料をブレンダーで撹拌する。
❷ ボストンシェーカーに移してシェイクし、クープグラスに注ぐ。
❸ オリーブオイルをドロップする。

バリー ミー アライブ
Bury Me Alive

死者を蘇らせるという意味のカクテル「コープスリバイバー No.2」のツイストで、埋葬を連想させる土の香りを持つビーツを用いました。ビーツは"食べる輸血"と言われるほど、栄養素が豊富です。カクテル名はアメリカのバンド、We Are The Fallenの曲『Bury Me Alive』から。

材料

ビーフィーター24	30ml
リレ ブラン	30ml
ビーツシロップ※	10ml
レモンジュース	10ml
アブサン	2dashes

ガーニッシュ

レモンピール	1片

作り方

❶ 材料をシェイクして、カクテルグラスに注ぐ。

❷ レモンピールをかけて、飾る。

※[ビーツシロップ]

材料：ビーツ 1個／きび砂糖 500g／水 500ml

① ビーツをひと口大にカットする。

② ①ときび砂糖、水を鍋に入れて、ビーツが柔らかくなるまで中火で煮込む。

③ 粗熱がとれたら濾し、容器に移して冷蔵保存する。

ライフ オブ
サブテラニアンズ
Life of subterraneans

2017年、自分に馴染みのある「街」が課題となったビーフィーターの大会"BEEFEATER MIXLDN"のデモンストレーションで創作したカクテルです。新宿駅をイメージして、巨大な地下空間に集う人々を根菜で表現しました。多忙な日々を過ごす人たちのエネルギーになればという思いも込めています。

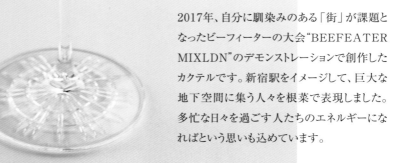

材料

ビーフィーター24	20ml
人参ジュース	20ml
ごぼうシロップ※1	5ml
ジンジャービネガー	5ml
レモンジュース	10ml

ガーニッシュ

メープルベーコン※2	1枚

作り方

❶ 材料をシェイクして、カクテルグラスに注ぐ。

❷ メープルベーコンを飾る。

※1［ ごぼうシロップ ］
材料：ごぼう（千切り）1/3本／きび砂糖 300g／水 300ml

① 材料を鍋に入れて、沸騰するまで煮る。

② 粗熱をとって、容器に移す。

※2［ メープルベーコン ］
生ハムにメープルシロップを塗って、ディハイドレーターで乾燥させる。

クリスタル スリング
Crystal Sling

シンガポールスリング（※）をミルクウォッシュ（牛乳で液体を清澄化）して、クリアかつスムースな飲み心地に。マラスキーノは味わいのアクセント、エルダーフラワー リキュールはフローラルでよりフルーティな風味を与えます。

※**シンガポールスリング**
シンガポール「ラッフルズホテル」で提供される定番カクテル。8種類の材料が使われており、フルーティな一杯。

材料（作りやすい分量／約3杯分）

ビーフィーター24	30ml
チェリーブランデー	15ml
エルダーフラワーリキュール（サンジェルマン）	15ml
ベネディクティン	10ml
コアントロー	10ml
マラスキーノ	5ml
ライムジュース	15ml
パイナップルジュース	120ml
グレナデンシロップ	10ml
アンゴスチュラビターズ	1dash
牛乳	40ml

ガーニッシュ

パイナップル	ひと口大

作り方
❶ 材料を容器に入れて、混ぜる。
❷ 冷蔵庫へ移してひと晩置き、フィルターで濾す。
❸ ゴブレットにクラッシュドアイスを入れて、❷を70ml注ぐ。
❹ パイナップルをキャラメリゼし、ピックに刺して飾る。

TANQUERAY LONDON DRY GIN

タンカレー ロンドン ドライジン

アルコール度数:47.3% 容量:750ml
輸入元:ディアジオ ジャパン株式会社

4回蒸溜による洗練された味わい

1830年、弱冠20歳でロンドン・ブルームズバリー
に蒸溜所を設立したチャールズ・タンカレー氏が
生み出したブランド。オリジナルレシピはいまも引
き継がれており、4回蒸溜により造られる洗練さ
れたキレのある味わいが特長。ボトルデザインは、
シェーカーがモチーフになっている。小型単式蒸
溜器"TINY TEN(タイニーテン)"で蒸溜される
「タンカレー ナンバーテン」も人気。

主なボタニカル(ジュニパーベリー以外)
●リコリス ●コリアンダー ●アンジェリカルート

Bartender's Impression

「何も加えずに氷で冷やしただけのロックスタイルでタンカレーを味わう
と、柑橘の爽やかな風味をより感じられます。シトラスフレーバーが強い
ので、柑橘類をはじめとしたフルーツや野菜と合いますね。『せとか』な
ど日本の繊細な柑橘も、タンカレーなら見事に引き立ててくれます。バラ
ンスが良くすっきりとしていて、シンプルなカクテルを作る際やジンが苦
手な方にもお勧めです」

(五十嵐さん)

タンカレー ソーダ
Tanqueray Soda

キレが良くすっきりとした風味のタン
カレーには、レモンの余韻を長く感
じられるフレーバーが映えます。ア
レンジするなら、華やかな味わいに
変化するスクラッピーズのオレンジビ
ターズを加えて。

材料
タンカレー ロンドン ドライジン	30ml
レモンジュース	10ml
ソーダ（ウィルキンソン タンサン）	適量

ガーニッシュ
レモンピール	1片

作り方
❶ タンブラーに氷と材料を入れて、軽くステアする。
❷ レモンピールをかけて、飾る。

パプリカ
Paprika

ゲンチアナを原料にしたほろ苦く甘いハーブリキュール「スーズ」と、フルーティで青っぽい風味のパプリカを合わせて、すっきりとした味わいに。食事にも合いますし、アルコール度数が低めなので最初の一杯としても。

材料

タンカレー ロンドン ドライジン	20ml
スーズ（パプリカインフューズド）※	10ml
レモンジュース	10ml
トニックウォーター（フィーバーツリー）	適量

ガーニッシュ

パプリカ（赤）	1片

作り方

❶ タンブラーに氷と材料を入れて、軽くステアする。
❷ パプリカを飾る。

※ [スーズ（パプリカインフューズド）]
材料：スーズ 500ml ／パプリカ（赤）1個

① パプリカをグリルして、皮を剥く。
② ①をスーズに3日ほど浸け込み、濾す。

ビーズサワー
Bee's Sour

蜂蜜を前面に出したサワーカクテ
ル。ダブルシロップでその甘味を補
填して、飲みやすく仕上げました。
爽やかなディルをシェーカーに入れ
て香りを付け、ガーニッシュでそれ
を強調しています。卵白を使うカク
テルは泡立ちが良くなるよう、必ずド
ライシェイクをしています。

材料

タンカレー ロンドン ドライジン	30ml
卵白	30ml
レモンジュース	20ml
蜂蜜	20ml
ダブルシロップ（砂糖と水の量が2:1のシロップ）	5ml
ディル	3束

ガーニッシュ

ディル	1枝

作り方

1. ボストンシェーカーに材料を入れて、ドライシェイク（氷なしでシェイク）する。
2. 氷を加えてシェイクし、濾しながらクープグラスに注ぐ。
3. ディルを飾る。

トゥ イージー
レッド スナッパー
Too Easy Red Snapper

NYの「セントレジスホテル」でブラッディメアリーから改名し、ジンベースで出されるようになったレッドスナッパー。週末のホームパーティをイメージして、シェイクせずビルドで簡単に作れるようにしました。タヒンで酸味と塩味、辛味を加えて香ばしく。

材料

タンカレー ロンドン ドライジン	30ml
トマトジュース	90ml
レモンジュース	10ml
タバスコ	3dashes
塩	1つまみ
ブラックペッパー（ペッパーミル）	3回転

ガーニッシュ

タヒン（※）	適量

※タヒン
3種類のチリ、塩、乾燥ライムジュースを主な原料とする、メキシコのチリシーズニング。

作り方

❶ タヒンでタンブラーをハーフリムする（グラスの外側、やや多めに）。

❷ 氷と材料を入れて、軽くステアする。

シトラス ＆ カルダモン
Citrus & Cardamom

ゼリーやケーキなどにも使われる、オ
レンジとカルダモンの組み合わせ。
このビターズにはカルダモンのほか
にアニス、バニラ、クローブといった
スパイスが含まれていて、カクテル
の味わいを複雑にしてくれます。オ
レンジは甘夏や日向夏など、旬のも
のを。

材料

タンカレー ロンドン ドライジン	30ml
蜂蜜	15ml
レモンジュース	15ml
ダブルシロップ（砂糖と水の量が2:1のシロップ）	10ml
トークンビターズ カルダーチャイ	2dashes
季節のオレンジ（デコポン）	適量

作り方

❶ ティンにデコポンを入れてペストルで潰し、残りの材料を加えてシェイクする。

❷ 薔薇の氷を入れたロックグラスに注ぐ。

Flying Bumblebee

Bartender
五十嵐　愛

北海道札幌市出身。幼い頃からパティシエを目指し、製菓専門学校卒業後に上京。パティスリーで勤務する中、先輩に連れられたバーで働くバーテンダーに衝撃を受け、未経験から渋谷のバーで修行を始める。2015年、恵比寿「Bar TRENCH」在籍時に「ビーフィーター　グローバルバーテンダーコンペティション」で日本一になり、シンガポールへ。2020年、独立して「Flying Bumblebee」をオープン。

BAR info

Flying Bumblebee　東京都渋谷区代官山町13-7 ベルビー代官山B1F　TEL：03-6455-1185

NUMBER EIGHT GIN ✕

深水 稔大氏

レストランに併設された海の上の蒸溜所

NUMBER EIGHT GIN

8

NUMBER
EIGHT
DISTILLERY

Yokohama Dry Gin

| 46% VOL. | 750ml | MADE IN JAPAN |

DATA

主なボタニカル（ジュニパーベリー以外）

● イエルバブエナ（茨城県産）
● レモンバーベナ（東京都産）
● 神奈川みかん（神奈川県秦野市産／宮村農園）
● 無農薬レモン
　（広島県産／時期によって変更する場合もある）
● 生ホップ（山梨県北杜市産）
● コーヒー豆
● アボカドの種　計8種類

ベーススピリッツ

● 日本酒蔵（茨城県・月の井酒造）の吟醸粕取り焼酎

蒸溜器／蒸溜機

● ハイブリッドスチル
　（ドイツのアーノルドホルスタイン社製／100L）

再蒸溜法

● 浸漬法（ボタニカルは乾燥させず、フレッシュのまま使用。みかん、レモンはピールだけでなく果肉も丸ごと使う）

　浸漬時間：少なくとも24時間以上で、ワンショット蒸溜

アルコール度数：46%　容量：750ml　蒸溜所：ナンバーエイト・ディスティラリー（神奈川県横浜市）

2019年、みなとみらいを一望できる横浜ハンマーヘッドに株式会社HUGEが運営する体感型レストラン「QUAYS pacific grill（キーズ パシフィック グリル）」がオープンしました。ビール醸造所・ジン蒸溜所・コーヒー焙煎所が併設され、深水稔大さんが蒸溜責任者としてジンを造っています。新港ふ頭8号岸壁に蒸溜所を設立したことから、"NUMBER EIGHT"と名付けられました。

●

「もともとはクラフトビールのみを造ろうと考えていましたが、以前からジンが好きな弊社の代表といつかジンも蒸溜しましょうと話していました。コンセプトは、"レストランが手がけるクラフトジン"。人気のカクテル『モヒート』に用いるイエルバブエナ、ビールの醸造で使用するフレッシュホップとコーヒーの焙煎所で扱っているコーヒー豆、弊社のメキシカンレストランで大量に使うアボカドの種など、蒸溜所名にちなんで8種類のボタニカルを選びました。ベーススピリッツが粕取り焼酎なので、その個性を上手く活かしながらどのようにジンを造り上げていくかが課題でしたね」　　　　　（深水さん）

●

レギュラー品以外にも、通常の倍量のボタニカルを使った"NUMBER EIGHT GIN Double botanical"、神奈川県特産の柑橘・湘南ゴールドをメインボタニカルにした"GOLD EDITION"、コロンビアの自社農園が製造するカカオニブを用いてメキシコの伝統料理「モーレ」をイメージした"MOLE EDITION"などをリリース。レストランが発信するジンの可能性を広げています。

●

「先日、虎ノ門蒸留所の一場さんと東京リバーサイド蒸溜所の山口さんと僕でコラボした"ボーダレスジン"を蒸溜しました。持ち寄った9つのボタニカルからそれぞれの解釈で造った、3種類の異なる個性を持つジンです。今後もいろいろな方とコラボしてみたいですし、レストランのバーテンダーが造るジンなので料理やカクテルからインスピレーションを得たものを造りたいですね。これまでにもいくつか出しているように、限定品も引き続きリリースしていく予定です」　　　　　（深水さん）

お勧めカクテル①
キーズ シグネチャー トニック

当店の名前を冠した看板カクテルです。ジンから香る柑橘系の爽やかさと、ガーニッシュとして飾ったハーブの香りをお楽しみください。トニックウォーターは、ローズマリーやタイムの香りが広がる華やかなメディタレーニアンを選びました。

RECIPE

材料

NUMBER EIGHT GIN	45ml
トニックウォーター（フィーバーツリー メディタレーニアン）	200ml
イエルバブエナ（ガーニッシュ）	適量
レモンスライス（ガーニッシュ）	1枚

作り方
❶ ロックグラスに氷を入れてジンを注ぎ、ガーニッシュを飾る。
❷ トニックウォーターを添える（好みの量を注いで、混ぜる）。

お勧めカクテル②
ベネット #8

スタンダードカクテルの中でも、知る人ぞ知る通好みな一杯をNUMBER EIGHT GINで作りました。ボリューム感のあるレシピにしているため、ビターズをしっかり効かせて全体の味わいを引き締めています。

RECIPE

材料

NUMBER EIGHT GIN	45ml
ライムジュース	30ml
きび糖シロップ（水700mlにきび砂糖1kgを溶かしたもの）	15ml
アンゴスチュラ ビターズ	4dashes
ドライライム（ガーニッシュ）	1枚

作り方
❶ 材料をシェイクして、カクテルグラスに注ぐ。
❷ ドライライムを飾る。

バーテンダーがつくるジン I

NUMBER EIGHT GIN ✕ 深水 稔大氏

Toshihiro Fukami

深水 稔大

株式会社HUGE コーポレートバーテンダー。熊本県生まれ。2006年、銀座のモダンイタリアン「RESTAURANT DAZZLE」のオープニングメンバーとして株式会社HUGEへ入社する。バーテンダーとして現場に立つ傍ら、商品開発や新店舗の立ち上げにも携わり、2019年にはフィーバーツリーのジャパンアンバサダーに就任。同年、QUAYS pacific grill内の都市型マイクロディスティラリーであるナンバーエイト・ディスティラリーの蒸溜責任者に就き、ジンの製造も行っている。

BAR info

QUAYS pacific grill
神奈川県横浜市中区新港2-14-1
横浜ハンマーヘッド1・2F
045-900-0310

Gin Cocktails IV

ACE HOTEL KYOTO
Ryuichi Saitoh

ボンベイ サファイア BOMBAY SAPPHIRE

サントリージン 翠 SUI

BOMBAY SAPPHIRE

ボンベイ サファイア

アルコール度数：47%　容量：750ml
輸入元：バカルディ ジャパン株式会社

独自の製法が生み出す風味

美しい青色のボトル側面に描かれる10種類の
ボタニカルを使用した、独自のヴェイパー・イン
フュージョン製法（※）によるスムースで複雑な味
わい。1761年、イギリス北部のウォリントンでトーマ
ス・デイキン氏が開発した伝統的なレシピが受け
継がれている。100%再生可能な電力で蒸溜所
を稼働するなど、スピリッツ業界におけるサステナ
ビリティのパイオニア。

※ヴェイパー・インフュージョン製法
金属製のバスケットにボタニカルを入れ、蒸溜器の上部に
設置して香りをつける方法。蒸溜時に蒸気がボタニカル
を通過することで香りが抽出され、軽快で華やかなフレー
バーのジンが生まれる。

主なボタニカル（ジュニパーベリー以外）

● グレイン・オブ・パラダイス　● オリス　● リコリス
● アンジェリカ　● アーモンド　● クベブベリー
● コリアンダー　● カシアバーク　● レモンピール

Bartender's Impression

「冷凍してストレートで飲んでも美味しいですし、そこにビターズを数滴
垂らしてピンクジン（※）にしても。常温に戻る過程で、香りが広がって
いきます。スパイスならカルダモンや黒胡椒、サフラン。ハーブならミン
ト、バーベナやマートルなどのレモン系、バジル、セージ、ローズマリー、
ローリエ。フルーツならベルガモットや柚子などの柑橘類と相性が良い
ですね」　　　　　　　　　　　　　　　　　　　　　　　　（齋藤さん）

※ピンクジン
ジンと数滴のアンゴスチュラビターズをステアするカクテル。

BBトニック
BB（Bombay Botanical）Tonic

香り高く豊潤なボンベイ サファイア
を楽しむには、ライムの香りと酸味を
しっかり付けることがポイント。ガー
ニッシュは単一ではなく、お好みの
ハーブやフルーツでコーディネート
するのがお勧めです。フルーツなら
春はベリー系、夏はトロピカル系、秋
はりんごやぶどう、冬は柑橘類など、
香りがはっきりしているものを。

材料

ボンベイ サファイア	40ml
トニックウォーター（フィーバーツリー）	80ml
カットライム	1/4個

ガーニッシュ

セージ、ディル、穂紫蘇	各適量

作り方
1. ワイングラスにライムを搾り入れ、氷を加える。
2. ボンベイ サファイアを入れて、ステアする。
3. 氷に当たらないようトニックウォーターを注ぎ、軽く混ぜる。
4. ガーニッシュを飾る。

カモミール フィズ
Chamomile Fizz

ハーバルな印象のボンベイ サファイアに、より柔らかな輪郭を形成するカモミールの香り。優しい口当たりと喉越しは、シンプルに楽しむのに最適です。リラックスできる一杯なので、昼飲みにも是非。

材料

ボンベイ サファイア（カモミールインフューズド）※1	40ml
レモンジュース	20ml
ハニーウォーター※2	20ml
ソーダ	80ml

ガーニッシュ

ドライレモン	1枚
ドライカモミール	適量

作り方

❶ ソーダ以外の材料をシェイクして、氷を入れたコリンズグラスにダブルストレイン（茶こしで濾しながら注ぐ）。

❷ 氷に当たらないようソーダを加え、軽く混ぜる。

❸ ガーニッシュを飾る。

※1 [ボンベイ サファイア（カモミールインフューズド）]
材料：ボンベイ サファイア 300ml ／ジャーマンカモミール 10g

① 材料を真空機にかけて常温で1日寝かせ、カモミールを取り除く。
（真空機がない場合は、ジップロックで空気が入らないようにして浸漬する）

※2 [ハニーウォーター]
お好みの蜂蜜とお湯を1:1で混ぜ合わせる。

サフラン サウスサイド
Suffron Southside

サフランの魅惑的な香りと、ミントの爽快感が調和するショートカクテル。ジンにライムとシロップ、ミントを加えたカクテル「サウスサイド」のツイストです。サウスサイドはフィズスタイルで提供されることもあるので、炭酸やスパークリングワインで満たしても。

材料
ボンベイ サファイア ……………………………… 50ml
ライムジュース ……………………………………… 20ml
サフラン リッチ シロップ※ ……………………… 10ml
ミントリーフ ………………………………………… 1つまみ

ガーニッシュ
サフラン、ミント ………………………………… 各適量

作り方
❶ 材料をシェイクして、カクテルグラスにダブルストレイン（茶こしで濾しながら注ぐ）。
❷ ガーニッシュを飾る。

※［ サフラン リッチ シロップ ］
材料：サフラン 0.1g ／水 200ml ／グラニュー糖 320g

① 鍋にサフランと水を入れて、沸騰させないように煮出す。
② グラニュー糖を加えて完全に溶かし、粗熱をとって冷蔵保存する。

レモン バーベナ トム コリンズ

Lemon Verbena Tom Collins

ボンベイ サファイアのコレクション
ブック『A Botanical Journey』
の一節に、ボンベイ サファイアには
レモンのような柑橘香がよく合うと
記載されています。特にトム コリン
ズとの相性について触れているた
め、その香りをより楽しめる設計にし
ました。

材料

ボンベイ サファイア	40ml
レモンジュース	20ml
シンプルシロップ	15ml
レモンバーベナの蒸溜水ソーダ※	80ml

ガーニッシュ

ドライレモン、ドライレモンバーベナ	各適量

作り方

1. 蒸溜水ソーダ以外の材料をシェイクして、氷を入れたコリンズグラスにダブルストレイン（茶こしで濾しながら注ぐ）。
2. 氷に当たらないようソーダを加え、軽く混ぜる。
3. ガーニッシュを飾る。

※ [レモンバーベナの蒸溜水ソーダ]
材料：乾燥レモンバーベナ 8g ／水 300ml

1. 蒸溜器に材料を入れて、200ml取れるまで蒸溜する。
2. 500mlの水（分量外）で割り、家庭用ソーダストリームで炭酸化する。

※上記が作れない場合、ボンベイサファイア 1本と乾燥レモンバーベナ 12gをジップロックに入れて空気を抜き、冷蔵庫で4～5日間置いたものを「レモンバーベナジン」としてベースに置き換え、通常の炭酸水で割るレシピにする。

バタフライ エフェクト
Butterfly Effect

綺麗なボトルデザインに惹かれ、生まれて初めて購入したジンがボンベイ サファイアでした。あの時、このボトルに触れなければバーテンダーになっていなかったかも……。そんな私の思いを込めた"バタフライ効果"というネーミング。スパイス香と弾ける柑橘感を楽しんでください。

材料
- Ⓐボンベイ サファイア ……………………… 50ml
- Ⓐスパイス アーモンド コーディアル※1 ……… 20ml
- Ⓐベルガモットジュース ……………………… 20ml
- Ⓐブルーキュラソー…………………………… 1tsp
- ソーダ ………………………………………… 適量
- バタフライピーティー※2 …………………… 10ml

ガーニッシュ
- ミントスプラウト ………………………………… 1片

作り方
① Ⓐをシェーカーに入れ、クラッシュドアイスを加える。
② 軽くシェイクして、クラッシュドアイスごと白ワイングラスに注ぐ。
③ ソーダを加えて、軽く混ぜる。
④ バタフライピーティーをフロートする。
⑤ ミントスプラウトとストローを飾る。

※1［スパイス アーモンド コーディアル］
材料：クローブ 12粒／シナモン 4.7g／ナツメグパウダー 2.7g／水 200ml／アーモンドシロップ（モナン）250ml
① アーモンドシロップ以外の材料を鍋に入れて、沸騰させないように煮出す。
② ある程度香りが抽出されたら火を止めて、粗熱をとる。
③ アーモンドシロップを加えて混ぜ、冷蔵保存する。

※2［バタフライピーティー］
材料：バタフライピー 8g／お湯 350ml
① ティーポットに材料を入れて、15分間煮出す。
② 粗熱がとれたら茶こしで濾しながら容器に移し、冷蔵保存する。

SUI
サントリージン 翠

アルコール度数:40%　容量:700ml
製造元:サントリー

食事と共に楽しめる爽やかなジン

日本人に親しみのある和素材を中心に造られた、
清々しい香りと爽やかな味わい。食欲をそそる柚
子の香りに、食事と調和する緑茶の旨み、口の中
をすっきりとさせる生姜の辛味といったそれぞれ
の効果で食事を引き立てる。青緑色と六角形の
瓶で、その爽やかさを表現。ソーダ割りがお勧め
で、「翠ジンソーダ缶」も発売されている。

主なボタニカル (ジュニパーベリー以外)

●柚子　●緑茶　●生姜　●コリアンダーシード
●レモンピール　●シナモン　●アンジェリカルート
●アンジェリカシード　●カルダモンシード
●ビターオレンジピール

Bartender's Impression

「最もお勧めなのはソーダ割りですが、お茶割りも美味しいです。私が
個人的に好きなのはスモーキーさが加わる番茶割りで、食中から食後
まで幅広く楽しむことができます。スパイスやハーブ、フルーツの浸け込
み酒のベースに翠を使って、居酒屋で出しているようなサワースタイル
にしてみても。スパイスなら山椒、白胡椒、生姜。ハーブなら大葉、ミント。
フルーツなら和柑橘、レモン、グレープフルーツなどが合います」

（齋藤さん）

翠ジンソーダ
Sui Gin & Soda

居酒屋やスーパーで普及した「翠」の最大の楽しみ方は、レモンサワーやハイボール感覚で食事と合わせること。夏には滋養強壮効果を狙った甘酸っぱいアイスロングドリンクとして、秋から冬にかけてはお湯で割ってひと息つけるようなホットカクテルに。

材料

翠	40ml
はちみつレモン生姜※	適量
（レモンスライス、生姜スライスをお好みの量で）	
シロップ（上記はちみつレモン生姜の浸け汁）	5ml
ソーダ	80ml

作り方
❶ はちみつレモン生姜とシロップ、氷をコリンズグラスに入れる。
❷ 翠を加えて、ステアする。
❸ 氷に当たらないようソーダを注ぎ、軽く混ぜる。

※[はちみつレモン生姜]
材料：蜂蜜 200g ／レモンスライス 2個分／生姜スライス 100g

① 材料を真空パックに入れて、常温でひと晩置く。
　（真空パックがない場合は、ジップロックで代用）
② 清潔な容器に移して、冷蔵保存する。

京番茶ネグローニ
Kyo-Bancha Negroni

柚子、緑茶、生姜といった日本に馴染み深いボタニカルを3種類使用した翠ジンに京都のいり番茶を浸け込んで、ネグローニを和風にツイスト。いり番茶がもたらすスモーキーな印象のある一杯で、ソーダで割っても美味しく飲めるよう創作しました。

材料

翠（京番茶インフューズド）※	40ml
スイートベルモット（コッキ ヴェルモット・ディ・トリノ）	30ml
カンパリ	30ml

ガーニッシュ

番茶、ドライオレンジ	各適量

作り方

❶ ロックグラスに氷を入れる。
❷ ミキシンググラスに氷と材料を入れて、ステアする。
❸ ❶の溶け出た水を切り、❷を注ぐ。
❹ ガーニッシュを飾る。

※［ 翠（京番茶インフューズド）］
材料：翠 300ml ／京都"一保堂" いり番茶 8g

① 真空パックに材料を入れてひと晩置き、茶葉を取り除く。
（真空パックがない場合は、ジップロックで代用）

青柚子ギムレット
Ao-Yuzu Gimlet

キリッとした酸味と香りが特徴の青
柚子を主体に、ウイスキーをペアリ
ングさせて奥行きを出したギムレッ
トです。シャープな風味ながら、余
韻の長さが特徴。青柚子シャーベッ
トはほかにダイキリやカイピリーニャ、
モヒートにも応用できます。

材料

翠	50ml
ウイスキー（碧 Ao）	10ml
ライムジュース	20ml
青柚子シャーベット※	1tsp

ガーニッシュ

青柚子ピール	1片

作り方

❶ 材料をシェイクして、カクテルグラスにダブルストレ
　イン（茶こしで濾しながら注ぐ）。

❷ 青柚子ピールを飾る。

※［ 青柚子シャーベット ］
材料：青柚子 3個／グラニュー糖 150g

① 青柚子の皮を剥いて（白い甘皮は含まないように）、
　果汁を搾る。

② グラニュー糖と青柚子の皮をシャーベット状になるま
　でペストルですり潰す（①で搾った果汁を少量加えて、
　混ざりやすくしても良い）。

③ 容器に移して、冷蔵保存する。

紫蘇スマッシュ
Shiso Smash

ドイツ・ハンブルグで誕生した新しい
スタンダードカクテル「ジン バジル
スマッシュ」を日本版にアレンジ。バ
ジルを同じシソ科の和ハーブであ
る紫蘇に変えて、香り高くほのかな
苦味のある一杯に。シンプルだから
こそ、翠の良さを味わえます。

材料

翠	50ml
レモンジュース	20ml
シンプルシロップ	15ml
大葉	5〜6枚

ガーニッシュ

大葉	1枚
穂紫蘇	2本

作り方

❶ 材料をシェイクして、ロックグラスにダブルストレイン
（茶こしで濾しながら注ぐ）。

❷ ガーニッシュを飾る。

翠狂サワー
Suikyo Sour

美しい翡翠色のボトルからインスピレーションを得て、考案しました。海外スタイルに見られるふわふわとした口当たりのサワーは、そこまで"まだ、流行っていない"。健康食品であるCBDも、まだ日本においては一般的ではありません。そこに"翠狂"する好奇心旺盛な人たちへ、クリアな味わいを。

材料

翠	50ml
シンプルシロップ	20ml
レモンジュース	20ml
卵白	30ml
CBDオイル 3%	1drop
水出しグリーンティー	20ml

ガーニッシュ

緑茶、レモンゼスト	各適量

作り方

① 水出しグリーンティー以外の材料をシェイクして、カクテルグラスにダブルストレイン（茶こしで濾しながら注ぐ）。

② トーチライターでカクテルの上面を軽く熱する（卵白の臭みを取るため）。

③ 水出しグリーンティーをフロートする。

④ ガーニッシュを飾る。

ACE HOTEL KYOTO

Bartender

齋藤　隆一

ACE HOTEL KYOTO ビバレッジマネージャー。ホテルの専門学校を卒業後、外資系ホテルでバーテンダーとしてのキャリアをスタートする。2015年、酒類メーカー主催のカクテルコンペで世界大会に出場、第3位を獲得し、その後も入賞多数。海外へも活動の幅を広げ、Asia Top 50 Barsにノミネートされる有名店でのゲストシフトなどを行う。また、近年はアートや音楽といったジャンルを超えるコラボレーションなど、ボーダーレスな活動にも取り組んでいる。

BAR info

ACE HOTEL KYOTO 京都府京都市中京区車屋町245-2　075-229-9000(代表)　※撮影場所 メキシカンバー＆ラウンジ PIOPIKO

Gin Cocktails V

BAR JUNIPER Trinity
Osamu Takahashi

ヘンドリックス HENDRICK'S

季の美 京都ドライジン KI NO BI KYOTO DRY GIN

HENDRICK'S
ヘンドリックス

アルコール度数：44%　容量：700ml
輸入元：三陽物産株式会社

キュウリと薔薇がエッセンス

ウイスキーメーカー、ウィリアム・グラント＆サンズ社
が造る "風変わりな" ジン。2つの単式蒸溜器を用
いて11種類のボタニカルを浸漬、蒸溜、ブレンド
する独自の製法で、エッセンスとしてキュウリ（ク
クミスサティヴァス）と薔薇の花びら（ブルガリアン
ローザダマシーナ）を加えており、爽やかかつ華
やかなフレーバーに仕上げている。

主なボタニカル（ジュニパーベリー以外）

- オレンジピール　● エルダーフラワー　● カモミール
- オリスルート　● コリアンダーシード　● レモンピール
- ヤロウ　● キャラウェイシード　● クベブベリー
- アンジェリカルート

Bartender's Impression

「ヘンドリックス特有の青い香りには、ダージリンティー（セカンドフラッ
シュ）やマスカットティーなどの紅茶がよく合いますね。マスカットのフ
ルーティさと、ヘンドリックスが持つ薔薇フレーバーの華やかさで相乗効
果が期待できます。トニックやソーダ割りにする場合は、できればヘンド
リックスを冷凍保存してみてください。氷の溶け分が少なく、濃い状態
で仕上がります」
(高橋さん)

ジントニック
Gin & Tonic

キュウリのスライスを3枚飾るレシピ
は、ヘンドリックスの公式サイトでも
紹介されています。ほかにローズマ
リーとメロンのスライスや、ミントもお
勧め。フローラル感のある「フィー
バーツリー メディタレーニアン」で割
るなら、ガーニッシュは無しでも。

材料

ヘンドリックス	40ml
トニックウォーター（フィーバーツリー）	適量

ガーニッシュ

キューカンバー スライス	3枚

作り方

❶ タンブラーに氷と材料を入れて、軽くステアする。

❷ キューカンバー スライスを飾る。

129

ブロンクス テラス

Bronx Terrace

禁酒法以前に生まれたカクテル「ブロンクス」のバリエーションが「ブロンクス テラス」。当時のジンが薬品瓶などに詰め替えられ "もぐりの酒" として流通していたことと、その背景をブランドのコンセプトに取り入れたヘンドリックスのストーリーを繋ぎました。

材料
ヘンドリックス	30ml
ドライベルモット（ノイリープラット）	20ml
ライムジュース	10ml
シンプルシロップ	1tsp

作り方
❶ 材料をシェイクして、カクテルグラスに注ぐ。

アライズ
Arise

コアントローをパッションフルーツシ
ロップに変えた、「コープスリバイ
バー No.2」のツイストです。オレン
ジリキュールのコアントローを用い
てパッションフルーツの香りを抽出し
たシロップを作ることで、香りの相乗
効果を狙いました。

材料
ヘンドリックス	30ml
パッションフルーツ シロップ※	10ml
リレブラン	10ml
レモンジュース	10ml
パスティスまたはアブサン	1tsp

ガーニッシュ
レモンピール	1片

作り方
❶ 材料をシェイクして、カクテルグラスに注ぐ。
❷ レモンピールをかけて、飾る。

※[パッションフルーツ シロップ]
材料：パッションフルーツ 100g ／氷砂糖 100g ／コ
アントロー 50ml ／レモンジュース 20ml

① パッションフルーツと氷砂糖をミルフィーユ状になるよ
う交互に重ねて容器に入れる。

② コアントローとレモンジュースを加えて、氷砂糖が溶け
きるまで20日間浸漬する。

※上記は時間がかかるため、グラニュー糖で代用しても可。
その場合、材料をガラス瓶に入れて混ぜ、3日間浸漬す
る。冷蔵と室温で12時間ずつ交互に保管し、3日かけて
グラニュー糖を溶かしきる。

ロージィ スリング

Rosy Sling

ビルドではなくスローイングで冷却を抑え、香りを立たせたジンスリングです。炭酸を加えてスローイングすると水柱が濁りますが、透明になった頃が止め時。ローズアロマシロップはシャンパンを使ったカクテル「ベリーニ」や「レオナルド」にも応用できます。

材料

ヘンドリックス	40ml
ソーダ（能勢ミネラルソーダ）	30ml
レモンジュース	10ml
ローズアロマ シロップ※	10ml
ハイビスカス ペタル	少量
レッドヴィンヤード ピーチ＆ホップス ビターズ（フェルディナンズ）	1dash

ガーニッシュ

ローズペタル	少量

作り方

❶ 材料をスローイングして、シャルドネグラスに注ぐ。

❷ ローズペタルを飾る。

※[ローズアロマ シロップ]
材料：ローズペタル 30g ／水 500ml ／砂糖 200g

①水蒸気蒸溜装置にローズペタルと水を入れて、蒸溜する。

②抽出した蒸溜水（200ml）と同量の砂糖を加えて混ぜ、冷蔵庫で保存する。

ハンキー パンキー
Hanky Panky

ハンキーパンキー（※）は通常なら
フェルネットブランカを使いますが、
カクテルビターズNo.1でフェルネット
ブランカとは異なる強い苦味と白檀
の香りを加えました。スパイシーで、
エキゾチックな印象を与える一杯
です。

※ハンキー パンキー
ジン、スイートベルモット、フェルネットブ
ランカ（ビターリキュール）をシェイクして
作るカクテル。

材料
ヘンドリックス ………………………… 30ml
スイートベルモット（カルパノ アンティカ フォーミュラ）
…………………………………………… 30ml
カクテルビターズNo.1 ……………… 2dashes

ガーニッシュ
オレンジピール ………………………… 1片

作り方
❶ 材料をシェイクして、カクテルグラスに注ぐ。
❷ オレンジピールをかける。

133

KI NO BI KYOTO DRY GIN

季の美 京都ドライジン

アルコール度数：45%　容量：700ml
製造元：京都蒸溜所

京都で生まれたクラフトジン

クラフトジン専門蒸溜所として、2014年に設立した京都蒸溜所で造られる。米が原料のライススピリッツをベースに、玉露や柚子などの和素材と伏見の伏流水を使用した透明感のあるまろやかな風味が特徴。唐紙屋・雲母唐長（きからからちょう）が文様監修したラベルデザインが目を引く。ほかにも「季のTEA 京都ドライジン」「季の美 勢 京都ドライジン」など多くのラインナップがある。

主なボタニカル (ジュニパーベリー以外)

●オリス　●赤松　●柚子　●レモン　●玉露　●生姜
●赤紫蘇　●笹　●山椒　●木の芽

Bartender's Impression

「季の美には玉露がボタニカルとして使われていることから、玉露はもちろん煎茶、ほうじ茶、抹茶といった日本のお茶がマッチします。例えばほうじ茶なら季の美700mlに茶葉を20g浸け込んだものをソーダで割って、ほうじ茶ハイボールにしてみても。比率は1:2〜3くらいでしょうか。季の美の熟成感と、ボタニカルの香りを引き出してくれます」　　（高橋さん）

ジンソーダ
Gin & Soda

京都のジンと大阪で造られる炭酸
水を組み合わせた、ジンソーダ。この
ソーダは泡持ちが良く、爽快感を長
く楽しめます。季の美のフレーバー
をより強調させるため、大葉をガー
ニッシュに選びました。穂紫蘇を追
加で飾っても。

材料

季の美	40ml
ソーダ（能勢ミネラルソーダ）	適量

ガーニッシュ

大葉	1枚

作り方

❶ 氷を入れたタンブラーに季の美と冷やしたソーダを
　注いで、軽く混ぜる。

❷ 大葉を飾る。

フラフィー フィズ
Fluffy Fizz

レモングラスのアロマウォーターで、スパイシーな柑橘系の香りを加えたアジアンテイストの「ラモス ジン フィズ」(※)に。このカクテルはモコモコとした泡が見所なので、❶の工程でしっかりと泡立てます。アロマウォーターは、ラベンダーなどに時々変えて作っています。

※ラモス ジン フィズ
　ジン、レモンジュース、ライムジュース、シンプルシロップ、生クリーム、卵白、オレンジフラワーウォーターをシェイクして、ソーダで満たしたロングドリンク。クラシックカクテルとして知られている。

材料

季の美	40ml
レモンジュース	10ml
シンプルシロップ	10ml
レモングラス アロマウォーター※	10ml
生クリーム(動物性)	15ml
グラニュー糖	1/2tsp
卵白パウダー	少量
ソーダ(能勢ミネラルソーダ)	適量(約40ml)

作り方

❶ ショートティンに生クリーム、グラニュー糖、卵白パウダーを入れてクリーマーで泡立てる。

❷ ロングティンに季の美、レモンジュース、シロップ、アロマウォーターを入れて、氷を加える。

❸ ❶を❷にかぶせて、シェイクする。

❹ 氷を入れたタンブラーに注ぎ、ミネラルソーダを加えて混ぜずに提供する。

※[レモングラス アロマウォーター]
材料：レモングラス 30g ／水 500ml

① 水蒸気蒸溜装置にレモングラスと水を入れて、蒸溜する。

② 抽出した蒸溜水(200ml)を容器に移して、冷蔵保存する。

やつはし
YATSUHASHI

自家製のシナモンアロマ シロップを使って、クラシックカクテルの「ベネット」をツイストしました。京都を代表する和菓子をイメージした、"飲める八ツ橋カクテル"です。このシロップはオールドファッションドやアイリッシュコーヒー、ホットバタードラムにも使えます。

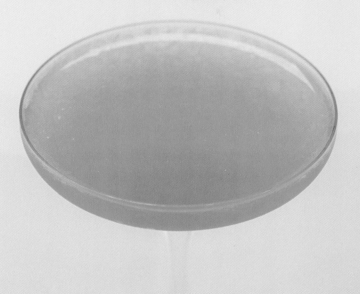

材料
季の美	45ml
ライムジュース	15ml
シナモンアロマ シロップ※	5ml
アロマティックビターズ	2dashes

ガーニッシュ
レモンピール	1片

作り方
❶ 材料をシェイクして、カクテルグラスに注ぐ。
❷ レモンピールをかける。

※[シナモンアロマ シロップ]
材料：シナモン 20g ／水 500ml ／砂糖 200g

①水蒸気蒸溜装置にシナモンと水を入れて、蒸溜する。

②抽出した蒸溜水（200ml）と同量の砂糖を加えて混ぜ、冷蔵庫で保存する。

大納言サンダー
Dainagon Thunder

黒豆を用いた和風のアレキサンダー
（※）です。ミキサーにかけると黒
豆に含まれるペクチンの影響でゼ
リー状になる場合があるので、充分
にシェイクしてください。黒豆甘露
煮は、市販の甘味が付いたものが
お勧めです。

※アレキサンダー
ジン、クレームドカカオ、生クリームを
シェイクして作るカクテル。ジンベースが
アレキサンダーNo.1、ブランデーベース
がNo.2として知られる。

材料

季の美	30ml
丹波産 黒豆甘露煮	20粒
カカオホワイトリキュール（ボルス）	10ml
生クリーム（動物性）	10ml
バニラビターズ（ボブズ）	1drop

ガーニッシュ

黒豆	3粒
金粉	微量

作り方

❶ 材料をミキサーで撹拌し、シェーカーへ移す。
❷ 充分にシェイクして、カクテルグラスに注ぐ。
❸ ガーニッシュを飾る。

季の美サワー
KI NO BI Sour

ライススピリッツをベースに造られる
季の美に、同じくお米を原料にした
甘酒を合わせてサワーカクテルにし
ました。抹茶ケーキをイメージして、
レシピを構築しています。季の美を
加えた後は泡立ちと滑らかさを保
つため、素早くシェイクに取り掛かる
のがポイントです。

材料

季の美	30ml
甘酒（メロディアン 酒粕甘酒）	30ml
柚子リキュール（サントリー 奏）	5ml
抹茶	5g
ライムジュース	1tsp
卵白パウダー	1/2tsp
バニラビターズ（ボブズ）	1drop

ガーニッシュ

柚子パウダー	適量

作り方

❶ 季の美以外をシェーカーに入れて、クリーマーで泡
立てる。

❷ 季の美を加えて軽くクリーマーで混ぜ合わせ、シェイ
クしてカクテルグラスに注ぐ。

❸ 柚子パウダーをかける。

BAR JUNIPER Trinity

Bartender
高橋　理

心斎橋「BAR OLD COURSE」で7年ほ
ど研鑽を積み、ジンに特化した北新地のバー
「BAR JUNIPER」へ入店。マネージャー
として勤務する中、国内外のゲストバーテン
ダーやセミナー講師、G20大阪サミット2019で
の外国首脳、閣僚の接遇スタッフなどを経験
する。2019年、「BAR JUNIPER Trinity」
をオープン。理科の実験室をイメージした店
内でハーブなどを栽培し、それらを蒸溜してア
ロマウォーターを生成、カクテルに取り入れて
いる。

BAR info

BAR JUNIPER Trinity　大阪市北区天満橋1-4-10　080-4340-8987

Gin Cocktails VI

Bar BenFiddich
Hiroyasu Kayama

火の帆 KIBOU HONOHO KIBOU

ザ・ボタニスト THE BOTANIST

HONOHO KIBOU

火の帆 KIBOU

アルコール度数:45%　容量:500ml
製造元:株式会社 積丹スピリット

積丹町の豊かな大地を感じられる

かつての火山活動を思わせる景観や「天狗の
火渡り」が行われるなど、"火"との関係が強い北
海道・積丹半島で造られる。森の女神と称される
美しいアカエゾマツを基調に、積丹町産のボタニ
カルを加えた豊かな大地を感じるジン。ボタニカ
ルの自社栽培から蒸溜までを一貫生産している
のは、世界的にも珍しい。専用のボタニカルガー
デンでは、約100種類の植物を栽培している。

主なボタニカル (ジュニパーベリー以外)

- ●アカエゾマツ ●エゾヤマモモ ●エゾミカン
- ●キタコブシ ●オオバクロモジ ●ホップ
- ●エゾノカワラマツバ ●コリアンダーシード
- ●アンジェリカルート ●リコリスルート
- ●カシアバーク ●オレンジピール ●レモンピール

Bartender's Impression

「厳しい自然の中を生き抜く、生命力に満ちた積丹のボタニカルを感じて
頂きたいですね。まずはレモンやライムなどの酸味を入れず、キンキンに
冷えた炭酸でシンプルに割ってみてください。さらにアンゴスチュラビター
ズを1dash加えると、味わいが膨らみます。また、森を連想するような素
材をグラスに添えてみても。特に、ローズマリーとの相性は抜群です」

（鹿山さん）

Gin & Soda

火の帆の味わいをダイレクトに感じ
て頂くため、まずはガーニッシュなし
のシンプルなソーダ割りで。トニック
ウォーターで割る場合も同じ比率で、
ガーニッシュは要りません。北海道
のテロワールを存分に楽しんでくだ
さい。

材料

火の帆 ································· 45ml
ソーダ（ウィルキンソン タンサン）··········· 100ml

作り方

❶ タンブラーに氷と火の帆を入れて、ステアする。

❷ ソーダを注ぎ、軽く混ぜる。

針葉樹風モヒート
Conifer-like Mojito

北海道の森を代表する常緑針葉樹、アカエゾマツを中心にしたボタニカルで構成される火の帆の風味に、みずみずしく爽やかなローズマリーを合わせました。口にすると、まるで針葉樹林帯を歩いているような気分になれます。セージやタイム、バジルで作ってみても。

材料

火の帆	60ml
ライムジュース	20ml
シンプルシロップ	10ml
ローズマリー	2本
ソーダ	適量(45〜60ml)

ガーニッシュ

ローズマリー	1本

作り方

❶ タンブラーにローズマリーをちぎって入れる。

❷ ソーダ(15ml)を加えて、バースプーンで味と香りが出るまで叩く。

❸ 火の帆、ライムジュース、シロップを入れて、ステアする。

❹ クラッシュドアイスで満たして、再度かき混ぜる。

❺ ソーダ(30〜45ml)を注いで、軽く混ぜる。

ハスカップ ミュール
Haskap Mule

鮮烈な酸味があり、栄養が豊富な
ことから不老長寿の果実ともいわ
れるハスカップをライムの代わりに
用いたモスコーミュール（※）のアレ
ンジです。フルーティなハスカップと、
スパイシーな辛口ジンジャーエール
の相性は抜群です。

※モスコーミュール
ウォッカ、ライムジュース、ジンジャー
エール（またはジンジャービア）を混ぜて
作るカクテル。誕生の経緯に銅製のマグ
カップが関連しているという説があり、銅
製マグで提供するお店が多い。

材料
火の帆	30ml
ハスカップジュース	45ml
ジンジャーエール (n.e.o プレミアム)	適量(約60ml)

作り方
❶ 銅製マグに氷と火の帆、ハスカップジュースを入れ
　て、ステアする。
❷ ジンジャーエールを注ぎ、軽く混ぜる。

ボタニカル スポーツ ドリンク
Botanical Sports Drink

暑い夏の日に飲んで頂きたい、すっきりとした爽快感のある一杯。ポカリスエットの甘味、酸味、塩味のバランスがカクテルに膨らみを与えます。粉末のポカリスエットなら、濃度を調整できます。

材料

火の帆	45ml
グレープフルーツ ジュース	60ml
ポカリスエット パウダー	2tsp
ソーダ	45ml

作り方

❶ ソーダ以外の材料をシェイクして、氷を入れたタンブラーに注ぐ。

❷ ソーダを加えて、軽く混ぜる。

ホップ 火の帆 75
Hop HONOHO 75

ジンとシャンパンのカクテル「フレン
チ75」を北海道のジンとビールで。
北海道限定の「サッポロ クラシッ
ク」は上品な味わいのファインアロ
マホップを使用していて、苦みが穏
やかな飲みやすいビール。いろいろ
な北海道のビールで試してみると
面白いですよ。

材料

火の帆	45ml
レモンジュース	20ml
シンプルシロップ	10ml
ビール（サッポロ クラシック）	適量（60〜75ml）

作り方

❶ ビール以外の材料をシェイクして、氷を入れたタンブ
ラーに注ぐ。

❷ ビールを加えて、軽く混ぜる。

THE BOTANIST
ザ・ボタニスト

アルコール度数:46%　容量:700ml
輸入元:レミー コアントロー ジャパン株式会社

アイラ島の自然と魂を表現

ウイスキーの聖地として知られるスコットランド・ア
イラ島のブルックラディ蒸溜所が造るジンで、コア
ボタニカル9種類と島内で手摘みした野生のボタ
ニカル22種類でその自然と魂を表現。甘く爽や
かなハーブやアザミの蜂蜜、夏のブーケや草原
の香り、シトラスのフレッシュさが複雑に花開いて
いく。採取しても環境に影響を及ぼさない素材が
厳選されており、島に住む植物学者の協力を得
て造られている。

主なボタニカル (ジュニパーベリー以外)

●アップルミント　●カモミール　●アザミ　●ヘザー
●ダケカンバ　●エルダーフラワー　●ハリエニシダ
●ホーソーン　●レディースベッドストロー　●ヨモギ
●レモンバーム　●メドウスイート　●レッドクローバー
●スペアミント　●スイートシスリー　●ボグマートル
●タンジー　●ウォーターミント　●シロツメクサ
●ワイルドタイム　●ウッドセージ

Bartender's Impression

「ライムの代わりにアイラ島にも自生するラズベリーなどを入れて潰した
り、クローブのような風味の強い素材を使ってジントニックを作ると面白
いかもしれません。また、同じ蒸溜所で造られるウイスキー『ブルックラ
ディ』とザ・ボタニストを半量ずつでオンザロックにして、アイラ島のテロ
ワールに想いを馳せてもいいですね。ザ・ボタニストは繊細なジンなので、
溶けにくい氷を使うことをお勧めします」　　　　　　　　　（鹿山さん）

ジントニック
Gin & Tonic

バランスが良く、華やかなザ・ボタ
ニストをまずは王道のトニック割り
で。季節によって、カボスや柚子な
ども用いてみてください。ライムをレ
モンに変えて、最後にウイスキーの
「ポートシャーロット10年」をフロー
トする公式サイトの推奨カクテル
「アイラ・ジントニック」も美味しいで
すよ。

材料

ザ・ボタニスト	45ml
カットライム	1/6個
トニックウォーター（フィーバーツリー）	90〜100ml

作り方

❶ タンブラーに氷とザ・ボタニストを入れ、ライムを搾っ
てステアする。

❷ トニックウォーターを注ぎ、軽く混ぜる。

❸ ❶で搾ったライムを飾る。

マティーニ水割り
Martini with water

マティーニをもっとカジュアルに、がコンセプト。当店では、ショートカクテルを水やソーダで割って飲みやすいロングカクテルにすることがよくあります。水割りにするとアルコール度数が下がって香りが開き、ジンのボタニカルをより感じることができます。

材料

ザ・ボタニスト	50ml
ドライベルモット（ドラン シャンベリー ドライ）	
	10ml
軟水	60ml

ガーニッシュ

レモンピール	1片

作り方

❶ 材料を充分にステアして、氷を入れたタンブラーに注ぐ。

❷ レモンピールをかけて、入れる。

トロピカーナ サワー
Tropicana Sour

華やかなボタニストとトロピカルなパ
イナップルを合わせた、夏に召し上
がって頂きたい一杯です。アブサン
やビターズをアクセントで少量垂ら
しても。

材料
ザ・ボタニスト	30ml
ライムジュース	1tsp
パイナップルジュース	45ml
トニックウォーター（フィーバーツリー）	適量（45〜60ml）

ガーニッシュ
パイナップル	1片

作り方
1. 氷を入れたタンブラーにトニックウォーター以外の材料を注ぎ、ステアする。
2. トニックウォーターを加えて、軽く混ぜる。
3. パイナップルを飾る。

オランジェット ビター サワー

Orangette Bitter Sour

ほんのり苦味のある柑橘のピール
をチョコレートで包んだフランスの
お菓子「オランジェット」をイメージ
して、口当たりの良いロングカクテ
ルに仕上げました。ザ・ボタニストの
フレッシュなシトラスやハーブの香り
が効いています。

材料

ザ・ボタニスト	30ml
カカオリキュール（エギュベル カカオ ブラウン）	15ml
オレンジジュース	30ml
トニックウォーター（フィーバーツリー）	適量(45〜60ml)

ガーニッシュ

オレンジピール	1片

作り方

❶ トニックウォーター以外の材料をシェイクして、氷を
入れたタンブラーに注ぐ。

❷ トニックウォーターを加えて、軽く混ぜる。

❸ オレンジピールをかけて、入れる。

根
Root

スコットランドの離島で採れた野生のボタニカルが香るザ・ボタニストは、その自然や大地を彷彿とさせます。同じく大地に根差す牛蒡を浸漬し、植物の根などを原料に造られるルートビアを加えてその印象を強調させました。生姜を浸漬して用いるのもお勧めです。

材料
ザ・ボタニスト (牛蒡インフュージョン) ※ ············ 45ml
ライムジュース ································· 1tsp
ルートビア ···································· 適量

作り方
❶ タンブラーに氷とザ・ボタニスト、ライムジュースを入れて、ステアする。
❷ ルートビアを注ぎ、軽く混ぜる。

※[ザ・ボタニスト (牛蒡インフュージョン)]
材料：ザ・ボタニスト 700ml ／牛蒡 50g
① 牛蒡を洗って細かく刻み、ザ・ボタニストに1週間漬け込む。

Bar BenFiddich

Bartender

鹿山　博康

都内のホテルでバーテンダーのキャリアをスタートし、その後西麻布のバー「Amber」へ入店。店長を務めながら実家・埼玉県にある自身の畑でカクテルに使うハーブなどの栽培を始める。2013年、独立して「Bar BenFiddich」を開店。"Farm to glass"を提唱する農家バーテンダーであり、日本在来種の自生する草根木皮をカクテルにすることで知られるようになる。「The World's 50 Best Bars 2021」で32位、「Asia's 50 Best Bars 2022」では5位に選出された。

BAR info

Bar BenFiddich　東京都新宿区西新宿1-13-7 大和家ビル9F　03-6258-0309

バーテンダーがつくるジン Ⅱ

BRONCO 20
YOKOHAMA DRY GIN ✕

北條 智之氏

ビール工場とジン蒸溜所のコラボレーション

DATA

主なボタニカル（ジュニパーベリー以外）

● ローズマリー（神奈川県横浜産）
● 文旦ピール（愛媛県産）
● コリアンダーシード
● オレンジピール
● オレガノ マジョラム
● ローズヨコハマ（神奈川県横浜産／無農薬）
● 檜葉（神奈川県大磯町産）　ほか　計20種類

ベーススピリッツ

● ピルスナーモルト、ウィートモルトを原料にモルト原酒リキュール（8%）を製造（横浜ベイブルーイング戸塚工場）、蒸溜（横浜ジン蒸溜所）したもの（40〜45%）

蒸溜器／蒸溜機

● ハイブリッドスチル
　（中国のジーマン社製／300L）

再蒸溜法

● 蒸気抽出法、ハイドロ式（原酒に材料を加え、浸漬せずに煮出す。精油を抽出する蒸溜法として知られる）
ローズヨコハマ：基本的に生花を使用するが、冬と春は乾燥
ローズマリー、檜葉：フレッシュ
ジュニパーベリー、コリアンダーシード、グリーンカルダモン、ペッパー類：手作業で潰す

アルコール度数：47%　容量：500ml　蒸溜所：横浜ジン蒸溜所（神奈川県横浜市）

日本初のノンアルコールジンを開発した北條
智之さんに、クラフトビールを醸造する横浜ベイ
ブルーイング株式会社の鈴木真也さんがジン造
りの構想を相談したのが2019年12月。1年後に
横浜・日ノ出町フードホール内に横浜ジン蒸溜
所がオープン、さらに1年経った2021年12月には
「BRONCO 20」が発売されました。銘柄は鈴木
さんが考え、北條さんと共にストーリーを組み立て
ていったそうです。

●

「"BRONCO"は暴れ馬の意味。1862年
に仮設競馬場『横濱新田競馬場』が完成
し、秋のダービーで暴れ馬といわれた日本馬の
"Batavia"が大活躍しました。競馬場の屋台
バーでは、1日に200杯ほどのカクテルが売れた
そうです。きっとジントニックも飲まれただろうとい
う推測から、暴れ馬でジンを多くの人に楽しん
で頂きたいと名付けました。2020年に蒸溜所
がオープンしたことから20種類のボタニカルに
との依頼があって考えたところ、社名の英表記
YOKOHAMA BAY BREWING Co.の20文
字に目が留まり、これらの頭文字で材料を選ぶこ
とに。Yは柚子、Oはオレンジピール、Kはカフィアラ
イムといった具合です」　　　　　　　（北條さん）

●

文旦以外は蒸気抽出法とハイドロ式に分けて、
ワンショット蒸溜。季節ものの文旦は、個別にスピ
リッツを造っています。浸漬すると蒸溜を始めてす
ぐにエッセンシャルオイルが溶け込んだスピリッツ
が回収出来るものの、全体のおよそ3%にあたる
ヘッド部分をカットしなければならないため、スパイ
ス類と柚子、一部の乾燥ハーブは浸漬せずハイド
ロ蒸溜を採用。ジュニパーベリーをはじめとするスパ
イスの一部は、手作業で丁寧に潰したり、砕い
たりして商品となるハート部分にしっかりとエッセン
シャルオイルを溶かし、ネガティブな味わいが出な
いようにしています。

●

「1st、2ndエディションと限定リリースして、次
回から定番のラベルになります。1stはベーススピ
リッツにピルスナーモルトとウィートモルト、ホップを
使用していましたが、定番商品はホップを抜いた
ものに。春には、限定品の『サクラ&ベリージン』
も造っています。ほかにコーラジンやコーヒージン、
バレルエイジドジン、ネイビーストレングスジンなども
仕込んでいて、発売を楽しみに待っているところ
です」　　　　　　　　　　　　　　（北條さん）

BRONCO 20 YOKOHAMA DRY GIN ╳ 北條 智之氏

お勧めカクテル①
ビタースイート シンフォニー

アメリカ・オレゴン州ポートランドのレストラン「Clyde Common」のバーマネージャー、Jeffrey Morgenthaler 氏が考案したカクテルです。ネグローニをマイルドにした味わいで、カンパリの代わりにアペロールを用いています。

RECIPE

材料

ブロンコ20 ヨコハマ ドライ ジン	30ml
アペロール	20ml
スイートベルモット（カルパノ アンティカ フォーミュラ）	20ml
レモンピール（ガーニッシュ）	1片

作り方
❶ 材料をステアして、カクテルグラスに注ぐ。
❷ レモンピールを搾りかけ、飾る。

お勧めカクテル②
トゥエンティース センチュリー

1937年、イギリスのバーテンダーC.A Tuck氏が考案したカクテルです。1902年から65年間、ニューヨークとシカゴ間を走っていた列車 "Twentieth Century Limited" にちなんで名付けられました。

RECIPE

材料

ブロンコ20 ヨコハマ ドライ ジン	30ml
ホワイトカカオ リキュール	15ml
リレブラン	15ml
レモンジュース	10ml
レモンピール（ガーニッシュ）	1片

作り方
❶ 材料をシェイクして、カクテルグラスに注ぐ。
❷ レモンピールを飾る。

BRONCO 20 YOKOHAMA DRY GIN ✕ 北條 智之氏

Tomoyuki Hojo
北條　智之

フレアバーテンダーの世界大会に日本人と
して初めて出場し、国内外で数々の優勝
経験を誇るフレアバーテンディングの第一
人者。横浜駅直結のバー「Cocktail Bar
Marceau」の統括マネージャーを17年務め
た後、2013年10月に独立して「Cocktail
Bar Nemanja」を開店する。同年、BAR
ACHIEVEMENT AWARDSにおいて
世界で最も審査員を務めたバーテンダーとし
て「Best Judge of The Year」にノミネー
ト。ミクソロジーにも精通し、各地でカクテルセ
ミナーの講師を担当している。一般社団法人
全日本フレア・バーテンダーズ協会　名誉会
長、アジア・バーテンダーズ協会　相談役。

BAR info

Cocktail Bar Nemanja
神奈川県横浜市中区相生町1-2-1
リバティー相生町ビル6F
045-664-7305

Gin Cocktails Ⅶ

BAR DARK KNIGHT
Yuji Terasawa

サイレントプール SILENT POOL

ジンクス オールドトム・ジン JINX OLD TOM GIN

SILENT POOL
サイレントプール

アルコール度数：43%　容量：700ml
輸入元：株式会社ウィスク・イー

英国の最も美しい田園地帯で生産

香水を思わせる華やかでロマンティックなアロマ
と、コクのある味わい。英国で最も美しい田園
地帯として知られるエリア、サリー州アルバリー
エステートのサイレントプール湖畔に蒸溜所があ
り、地元で採れた24種類のボタニカルと青く澄
んだサイレントプール湖の水を用いて造られてい
る。太陽の下で輝く湖をイメージした、エメラルド
グリーンのボトルが印象的。

主なボタニカル（ジュニパーベリー以外）

●ラベンダー　●洋ナシ　●エルダーフラワー　●蜂蜜
●こぶみかんの葉　●カモミール　●オレンジピール

Bartender's Impression

「ジンが主役かつリキュールを使わないスタンダードカクテルで、その真
価を存分に発揮するサイレントプール。しっかりとした個性があるため、
特に繊細な副材料の風味を損ねないバランスに調整することが重要で
す。フレッシュフルーツカクテルのベースに使用する際は、サイレントプー
ルの風味に負けない味わいのパイナップルやパッションフルーツ、酸味を
はっきりと感じられる甘夏やすだちなどを選ぶと良いでしょう」

（寺澤さん）

フレグランス トニック
Fragrance Tonic

ジントニックにスプレーすることで、よりフローラルになるローズ、清涼感が増すベルガモット、明るく華やかな印象を与えるオレンジフラワーウォーター。いずれもサイレントプールに使われているボタニカルで、香りの上から異なる香りを重ねてスプレーしても違和感なく楽しんで頂けます。

材料
サイレントプール	30ml
ライムジュース	3ml
トニックウォーター（フィーバーツリー）	適量

ガーニッシュ
ローズエッセンス、ベルガモットエッセンス、オレンジフラワーウォーター	各適量

作り方
❶ 氷を入れたタンブラーにサイレントプール、トニックウォーター、ライムジュースの順に注ぐ。
❷ バースプーンで一気に氷を持ち上げ、静かに下ろす。
❸ 超低速で2回転ステアする。
❹ 好みの香りをグラスの上からスプレーする。

シンガポール スリング
Singapore Sling

クラシックカクテルはグレナデンシロップの代わりにラズベリーコーディアル（※）を用いることがあり、それにならって作りました。レモンではなくクエン酸水溶液を使い、パイナップルの風味に影響を及ぼすことなく酸味をプラスして味わいのバランスを取っています。

※ラズベリーコーディアル
ラズベリーコーディアルの代わりに、グレナデンシロップを用いることもある。シンガポールのラッフルズホテルで提供される定番カクテル「シンガポールスリング」は、ジン、チェリーブランデー、コアントロー、ベネディクティン DOM、アンゴスチュラビターズ、ライムジュース、パイナップルジュース、グレナデンシロップをシェイクして作る。

材料
サイレントプールベース シンガポールミックス※1	
	45ml
パイナップルジュース	70ml
クエン酸水溶液※2	10ml

ガーニッシュ
カットパイナップル	1切れ
マラスキーノチェリー	1個
カクテル用傘	1本

作り方
❶ 材料をドライシェイク（氷なしでシェイク）して、クラッシュドアイスを入れたグラスに注ぐ。

❷ 軽くステアして冷やし、ガーニッシュとストローを飾る。

※1 [サイレントプールベース シンガポールミックス]
材料：サイレントプール 350g ／チェリーヒーリング 90g ／ベネディクティン DOM 35g ／コアントロー 35g ／ハーフリッチ シロップ（★1）20g ／ラズベリーコーディアル（★2）30g ／アンゴスチュラビターズ 5g

① 上記材料を混ぜる。

★1 [ハーフリッチ シロップ]：水 100gとグラニュー糖 150gをブレンダーにかけて混ぜ合わせ、冷蔵保存する。

★2 [ラズベリーコーディアル]：ラズベリーと同量の水をブレンダーにかけて、濾す。濾した液と同量のグラニュー糖を加え、再度ブレンダーにかけて混ぜ合わせ、冷蔵保存する。

※2 [クエン酸水溶液]
材料：水 100g ／クエン酸（食品添加物規格）6g

① 水にクエン酸を加えて、溶かす。

フローズン ビーズニーズ
Frozen Bee's Knees

蜂蜜より溶けやすく自然な味わいに仕上がるアガベシロップを用いて、「ビーズニーズ（※）」をフローズンスタイルに。温度が低いので蜂蜜をかけるとその場で固まり、清涼感を損なわずにその風味と蜂蜜の甘さを感じられます。また、味わいの輪郭をはっきりさせるため食塩水を加えました。

※ビーズニーズ　ジン、レモンジュース、蜂蜜をシェイクして作るカクテル。

材料

サイレントプール	40ml
レモンジュース	20ml
アガベシロップ	10ml
食塩水※	2drops

ガーニッシュ

ローズエッセンス、食用花、蜂蜜	各適量

作り方

❶ 材料とクラッシュドアイスをブレンダーで撹拌し、グラスに注ぐ。

❷ ローズエッセンスを❶の上からスプレーする。

❸ 食用花を飾り、器に入れた蜂蜜を添える。

※［食塩水］

材料：塩／水

① 塩と水を1:4の割合で混ぜる。

ドライだけど華やか、
華やかだけどドライなマティーニ
Dry but gorgeous, gorgeous but dry Martini

オレンジフレーバーに特化したビ
ターズを用いて、スパイスなどを加
えることなくサイレントプールが持つ
ビターオレンジの風味を強調させま
した。相反するような華やかさとドラ
イさが、サイレントプールなら不思議
と成立します。

材料
サイレントプール（冷凍） ……………………… 50ml
ドライベルモット（ノイリー プラット ドライ／冷蔵）
………………………………………………… 10ml
オレンジ＆マンダリン ビターズ（ボブズ）………… 3drops

ガーニッシュ
オリーブ ……………………………………… 1個

作り方
❶ ステンレス製ミキシンググラスに材料と大きい角氷
を1つ入れて、高速で100回転ほどステアする。
❷ カクテルグラスに注ぎ、オリーブを飾る。

サイレントプール ホットチャイ トディー

Silent Pool
Hot Chai Toddy

サイレントプールに使われるスパイスがチャイティーと共通している点と、東南アジア料理を提供するお店に勤務した経験がある自分のアイデンティティーをカクテルに落とし込みました。温めるとさらに香りが立つホットカクテルは、香水を思わせるサイレントプールに欠かせないカテゴリーです。

材料

サイレントプール	25ml
牛乳で抽出したホットチャイティー※1	150ml
アンゴスチュラビターズ	2dashes
ハーフリッチ シロップ※2	10ml

作り方

❶ 材料をティーカップに注ぎ、混ぜる。

※1 [牛乳で抽出したホットチャイティー]
材料：牛乳 150ml ／チャイティー（ティーバッグ 1袋）

① 牛乳を沸騰直前まで温め、チャイティーを加えて抽出する。

※2 [ハーフリッチ シロップ]
材料：水 100g ／グラニュー糖 150g

① 水とグラニュー糖をブレンダーにかけて混ぜ合わせ、冷蔵保存する。

JINX OLD TOM GIN

ジンクス オールドトム・ジン

アルコール度数：43%　容量：700ml
輸入元：株式会社ジャパンインポートシステム

衝撃的なオレンジフレーバー

ロンドンの酒商、アスターグレン社が造る新しい
オールドトム・ジン。スイートとビター、2種類のオレン
ジピールを多用しているため強烈なオレンジフレー
バーがあり、オールドトム・ジンとしては甘さ控えめ。
黒猫（トムキャット）がロンドンの街並みを見下ろす
ラベルデザインで、かつてトムキャットの看板がジン
の販売所の目印だった歴史を想起させる。

主なボタニカル（ジュニパーベリー以外）

●リコリス　●スウィートオレンジピール　●レモンピール
●グレインズオブパラダイス　●コリアンダーシード
●アンゼリカルート

Bartender's Impression

「ホワイトキュラソーのようなオレンジフレーバーを活かして、カクテルを作
ることが多いです。例えばチョコレートなどの種子系、コーヒーや焙じ茶
などのロースト系、ミルク系、スパイス系と合わせて。柑橘なら何でも合い
ますが、ジンクスはドライジンに比べて甘味が強いので、やや多めに酸
味を加えるとバランスがとれます。トムコリンズやブルームーンといった甘
めのカクテルには、より深いコクを与えることができます」　　　（寺澤さん）

スイートオレンジの
ジントニック

Sweet Orange
Gin & Tonic

ジンクスのボタニカルの中で、最も明瞭に感じるスイートオレンジを使用したジントニックです。炭酸をなるべく飛ばさないようにしながら、液体の上部で不均等に存在する僅かな酸味を均等に広げるため超低速でステアします。

材料

ジンクス オールドトム・ジン	35ml
スイートオレンジジュース	15ml
クエン酸水溶液※1	5ml
トニックウォーター（フィーバーツリー）	適量

ガーニッシュ

オレンジソルト※2	適量

作り方

1. タンブラーをオレンジソルトでリムする。
2. 氷と材料を入れて、バースプーンで一気に氷を持ち上げ、静かに下ろす。
3. 超低速で2回転ステアする。

※1 [クエン酸水溶液]
材料：水 100g ／クエン酸（食品添加物規格）6g
① 水にクエン酸を加えて、溶かす。

※2 [オレンジソルト]
材料：スイートオレンジ（オーガニック）／塩
① スイートオレンジの皮を白い甘皮が入らないように薄くスライスし、食品乾燥機にかける。
② 乾燥したオレンジの15倍の重さの塩を加え、ブレンダーで撹拌する。

焙じ茶ラテ オレンジの風味

Hojicha Latte Orange Flavor

甘くまろやかで香ばしい焙じ茶ラテ
に、ジンクスのオレンジフレーバーを
纏わせた和風デザートカクテル。塩
味を加えて甘味を引き立たせ、フォ
ユティーヌでサクサクとした食感を
与えました。温くなると甘味がやや
くどくなってしまうので、保冷用の氷
を1つ浮かべています。

材料

ジンクス オールドトム・ジン	25ml
アドヴォカート(ワニンクス)	10ml
和三盆シロップ※1	10ml
ハーフ&ハーフミルク※2	50ml
製菓用焙じ茶パウダー	1tsp
食塩水※3	2drops

ガーニッシュ

フォユティーヌ	適量

作り方

① シェーカーに材料を入れて、クリーマーで焙じ茶パ
ウダーを溶かす。

② 氷を加えて充分にシェイクし、冷やしたカクテルグラ
スにダブルストレイン。

③ 氷を浮かべ、液面にフォユティーヌをかける。

※1［ 和三盆シロップ]
材料：和三盆／水

① 和三盆と水を1.5:1の割合で混ぜて、冷蔵保存する。

※2［ ハーフ&ハーフミルク]
材料：全乳／生クリーム

① 全乳と生クリームを同量で混ぜる。

※3［ 食塩水]
材料：塩／水

① 塩と水を1:4の割合で混ぜる。

黒猫紳士クラブ
Black cat Gentlemen's Club

アメリカ・フィラデルフィアのクラブで誕生したカクテル「クローバークラブ（※）」のツイスト。実業家、弁護士、ジャーナリストといった名士たちが集まる会合で、クローバークラブが振舞われていたそうです。ジンクスのボトルに描かれている黒猫とかけたネーミングです。

※クローバークラブ
現在はジン、ラズベリーシロップ（またはグレナデンシロップ）、レモンジュース（またはライムジュース）、卵白をシェイクするレシピが一般的。かつてはベルモットを加えるレシピも多く見られた。

材料

ジンクス オールドトム・ジン	40ml
マンチーノ ヴェルモット ビアンコ	1tsp
レモンジュース	20ml
ラズベリー コーディアル※1	15ml
卵白	15〜20ml
食塩水※2	2drops

ガーニッシュ

レモンピール	1片

作り方

❶ 材料をドライシェイク（氷なしでシェイク）する。

❷ 氷を加えてシェイクし、ソーサー型カクテルグラスにダブルストレイン。

❸ レモンピールをかける。

※1 [ラズベリーコーディアル]
材料：ラズベリー／水／グラニュー糖

① ラズベリーと同量の水をブレンダーにかけて、濾す。

② ①と同量のグラニュー糖を加え、再度ブレンダーにかけて混ぜ合わせる。

③ 冷蔵保存する。

※2 [食塩水]
材料：塩／水

① 塩と水を1：4の割合で混ぜる。

コーヒー マティーニ
Coffee Martini

深い焙煎をしてもコーヒー豆本来が持つフレーバーを楽しめ、しっかりとした泡も作れるマンデリンを選び、カクテルの味わいをより豊かにしました。仕上げにオレンジピールをかけて塗り付け、ジンクスに感じるオレンジフレーバーを強調させています。

材料
ジンクス オールドトム・ジン	30ml
ブラウンカカオ リキュール（エギュベル）	10ml
マンデリンフレンチ コーヒー（冷蔵庫でよく冷やしたもの）	40ml

ガーニッシュ
コーヒー豆	3粒
オレンジピール	1片

作り方
❶ 材料をシェイクして、カクテルグラスにダブルストレイン。
❷ 液面の泡に、コーヒー豆を飾る。
❸ オレンジピールをかけ、皮の表面をグラスの縁全体に塗り付ける。

寿司屋の美人女将
A beautiful madam at a sushi restaurant

リンゴ酢を用いた、フルーティーで爽快な「ホワイトレディ」のツイストです。酢を加えることで卵白とレモンが生み出すテクスチャーの細かい泡が作りやすくなり、カクテルの旨味もより感じられるように。また、お寿司屋さんに飾ってあるお花と女性的で美しいイメージをオレンジフラワーウォーターで表現しました。リンゴ酢とオレンジフラワーウォーターを省くと「ワサビのホワイトレディ」として楽しめます。

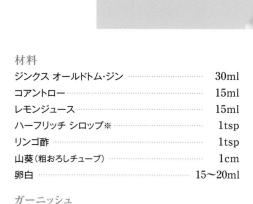

材料

ジンクス オールドトム・ジン	30ml
コアントロー	15ml
レモンジュース	15ml
ハーフリッチ シロップ※	1tsp
リンゴ酢	1tsp
山葵（粗おろしチューブ）	1cm
卵白	15〜20ml

ガーニッシュ

オレンジフラワーウォーター	適量

作り方

❶ 材料をドライシェイク（氷なしでシェイク）する。

❷ 氷を加えてシェイクし、カクテルグラスにダブルストレイン。

❸ オレンジフラワーウォーターをスプレーする。

※[ハーフリッチ シロップ]

材料：水100g／グラニュー糖150g

①水とグラニュー糖をブレンダーにかけて混ぜ合わせ、冷蔵保存する。

BAR DARK KNIGHT

Bartender

寺澤 悠次

大学在学中に八王子のダイニングバーでアル
バイトを始め、バーテンダーに憧れを抱く。司
法書士を目指して勉強する中、映画『カクテ
ル』や漫画『バーテンダー』を通してその思い
が強くなり、バーテンダーの道へ。立川のバー
「BAR FAVORITE」を経て、2017年11月
に独立オープン。クラシックとミクソロジーを融
合したカクテルと、幅広いラインナップのお酒
を提供している。「ボルス・アラウンド・ザ・ワール
ド2017」アジアTOP10。

BAR info

BAR DARK KNIGHT 東京都立川市柴崎町 2-3-3 MSTビル 3F 042-512-9959

Gin Cocktails VIII

BAR ARCHE
Tomomi Murakami

アワ ジン クリア ボトル AWA GIN CLEAR BOTTLE

ジャパニーズ ジン 和美人 Japanese GIN WA BI GIN

AWA GIN CLEAR BOTTLE

アワ ジン クリア ボトル

アルコール度数：45%　容量：700ml
製造元：日新酒類株式会社

阿波を代表するボタニカルが原料

徳島県産山田錦の等級米を全量使用し、丁寧に醸したお酒を異なるタイプの蒸溜器で蒸溜して複雑味のあるベーススピリッツに仕上げている。ボタニカルは、徳島県産の素材が中心。日新酒類が長年にわたり培ってきた、醸造技術と蒸溜技術を注ぎ込んで造られている。柑橘系の香気成分を豊富に浸漬させているため、ロックや水割りにすると白く濁ることがあるのも特徴のひとつ。

主なボタニカル（ジュニパーベリー以外）

●すだち果皮　●木頭ゆず果皮　●阿波晩茶
●国産山椒

Bartender's Impression

「爽やかな柑橘の香りにライススピリッツ由来の華やかな甘味、清々しい後味はそのままでも是非味わって頂きたいです。ストレート、ロック、水割りといずれもお勧め。AWA GINは複雑で個性豊かなため、カクテルにするならジンソーダやマティーニなどシンプルなものが向いています。ハーブ系など苦味のあるリキュール、ビターズを合わせてもバランスを崩すことなくまとまります」　　　　　　（村上さん）

アワ ジン ソーダ
AWA GIN Soda

しっかりとした味わいのAWA GIN
には果汁をあえて搾らず、ピールの
みで仕上げたほうが本来の爽やか
な柑橘の香り、阿波晩茶の酸味な
どが活きて柔らかい口当たりになり
ます。このミネラルソーダは炭酸が
きめ細かく、泡持ちが良いためソー
ダ割りに適していると思います。

材料
AWA GIN クリア ボトル ················· 30ml
ソーダ (能勢ミネラルソーダ) ············· 100ml

ガーニッシュ
すだちピール ···················· 1片

作り方
❶ バルーングラスに氷と材料を入れて、軽く混ぜる。
❷ すだちピールをかけて、飾る。

アワ レディ

AWA Lady

スタンダードカクテル「ホワイトレディ」のアレンジです。AWA GIN はやや個性が強いので、クリーミーになる卵白を加えて飲みやすくしました。白いカクテルに緑色のすだちピールを磨り下ろすと見栄えが良くなるだけでなく、その華やかな香りが引き立ちます。

材料

AWA GIN クリア ボトル	30ml
コアントロー	15ml
すだちジュース	15ml
シンプルシロップ	1tsp
卵白	1個分

ガーニッシュ

すだちピール	適量

作り方

❶ 材料をシェイクして、大型のカクテルグラスに注ぐ。

❷ すだちピールをグレーターで磨り下ろす。

阿波晩茶
ティー ソーダ

Awa-Bancha
Tea Soda

阿波晩茶の風味を瞬間的に
AWA GINに移し、和三盆を加え
て味に深みを出したティーソーダで
す。AWA GINのアルコール度数
が高いため、軽くスワリングするだ
けで阿波晩茶の爽やかな酸味とま
ろやかな甘味が融合します。

材料	
AWA GIN クリア ボトル	40ml
阿波晩茶	1つまみ
和三盆	2tsp
ソーダ（能勢ミネラルソーダ）	適量

ガーニッシュ	
すだちピール	1片

作り方

❶ AWA GINと阿波晩茶をグラスに入れ、スワリングして漉す。

❷ 氷を入れたバルーングラスに❶と和三盆、ソーダを加えて軽く混ぜる。

❸ すだちピールをかけて、飾る。

アワ ジン ネグローニ
AWA GIN Negroni

AWA GINが持つライススピリッツ由来の風味を活かすため、カンパリの苦味を合わせました。ボタニカルの酸味と香りがより活きて、その独特な印象は柔らかくなります。しっかりとした味わいで満足感もあり、AWA GINの長所が引き出されるカクテルです。

材料

AWA GIN クリア ボトル	20ml
カンパリ	20ml
スイートベルモット（チンザノ ベルモット ロッソ）	
	20ml

ガーニッシュ

すだちピール	1片

作り方

❶ オールドファッションド グラスに氷と材料を入れて、ステアする。

❷ すだちピールをかけて、飾る。

ドルチェ ビアンコ
Dolce Bianco

ティラミスのような苦味がありなが
ら、誰もが楽しめるデザートカクテル。
ジンをあまり飲んだことがなくても
AWA GINの良さを感じて頂けるよ
う、柔らかな甘味の中にボタニカル
の香りが際立つよう仕上げました。

材料

AWA GIN クリア ボトル	30ml
エバミルク	30ml
キャラメルシロップ(モナン)	15ml

ガーニッシュ

オレンジピール	適量

作り方

❶ 材料をシェイクして、大型のカクテルグラスに注ぐ。

❷ オレンジピールをグレーターで磨り下ろす。

Japanese GIN
WA BI GIN
ジャパニーズ ジン 和美人

アルコール度数:47%　容量:700ml
製造元:本坊酒造株式会社

鹿児島の伝統技術と自然を表現

ウイスキーや焼酎などを製造する本坊酒造が、スピリッツ（ベースアルコール）に鹿児島県で収穫された9つのボタニカルを浸漬して造るジン。2016年に鹿児島・津貫で蒸溜所を開設、和美人の前身となる「光遠」をリリースし、翌年に和美人が誕生した。ラベルには、絵付け師・室田志保氏によるボタニカルが描かれた薩摩ボタンをあしらい、鹿児島の伝統技術と自然を表現している。

主なボタニカル（ジュニパーベリー以外）

●コリアンダーシード　●柚子　●辺塚橙　●檸檬
●金柑　●けせん　●月桃　●緑茶　●生姜　●紫蘇

Bartender's Impression

「米麹独特の香りをけせんや月桃が見事に中和し、各ボタニカルが米麹のコクや旨味を引き出しています。柑橘香の印象が強く、カクテルに用いやすいですね。ローズマリー、ミント、タイム、レモングラスのような爽やかな香りのハーブや、シナモン、アニス、クローブ、ペッパー、山椒などのスパイスは、華やかな和美人のアクセントとしてお勧めです」

（村上さん）

和美人リッキー
WA BI GIN Rickey

甘味のある柑橘を加えたジンリッキー。ジンのボタニカルとしても知られるローズマリーで香り付けして、フレッシュで清々しく見た目も映える一杯に。小夏以外にオレンジや甘夏、グレープフルーツで作っても美味しいです。

材料

和美人	45ml
小夏	1/4個
ソーダ（能勢ミネラルソーダ）	適量

ガーニッシュ

ローズマリー	1本

作り方

❶ 氷を入れたバルーングラスに小夏を搾り、和美人を加える。

❷ ソーダを注いで、軽く混ぜる。

❸ ローズマリーを飾る。

和美人トニック
WA BI GIN Tonic

爽やかなローズマリーと、甘くエキノナックな香りのシナモンを
ガーニッシュに選び、ジントニックに複雑味と深い味わいを与
えました。フィーバーツリーに含まれるキナ由来の成分による
自然な苦味が、和美人が持つ柑橘系の香りを引き立てます。

材料

和美人	45ml
トニックウォーター (フィーバーツリー)	100ml

ガーニッシュ

ローズマリー	1本
シナモンスティック	1本

作り方

❶ 大型のロックグラスに氷と材料を入れて、軽く混ぜ
る。

❷ ガーニッシュを飾る。

ホワイト ビューティ
White Beauty

「徳島の柚子を広めるためにカクテ
ルを考案してほしい」という依頼が
あった際に、創作した一杯です。和
服が似合う美しい人をイメージした
白いカクテルですが、洋風な材料も
使ったレアチーズケーキのような味
わいなので和名にせず、英語で名
付けました。

材料

和美人	20ml
ホワイトカカオ リキュール（エギュベル カカオ ホワイト）	
	20ml
柚子ジュース	5ml
生クリーム（動物性）	15ml

ガーニッシュ

オレンジピール	適量

作り方

❶ 材料をシェイクして、カクテルグラスに注ぐ。

❷ オレンジピールをグレーターで磨り下ろす。

和美人
紫蘇スマッシュ
WA BI GIN
Shiso Smash

青紫蘇を使った「ジン バジル ス
マッシュ」のツイストです。和美人が
持つ柑橘の味わいと紫蘇の爽やか
な風味を壊さないよう、レモンジュー
スはあえて入れていません。レモン
スライスで香り付け程度に、ほんの
りとした酸味を加えました。

材料

和美人	60ml
和三盆	2tsp
青紫蘇	3〜5枚

ガーニッシュ

青紫蘇	1枚
レモンスライス	1枚

作り方

❶ オールドファッションド グラスに紫蘇を入れて、ペス
トルで潰す。
❷ 和美人と和三盆、氷を加え、充分にステアする。
❸ ガーニッシュを飾る。

絹小町
Kinu-Komachi

材料の絹ごし豆腐と、和美人とい
う響きから美しい娘の意味がある
「小町」を合わせてネーミングしま
した。滑らかな絹ごしとオレンジピー
ルをブレンダーにかけると、トロッとし
た口当たりになります。柚子シロップ
はジントニックや、さまざまなスピリッ
ツのお湯割りなどに加えても。

材料

和美人	30ml
柚子シロップ※	30ml
豆腐（絹ごし）	40g
オレンジピール	1片

ガーニッシュ

木の芽	1枚

作り方

❶ 材料をブレンダーで撹拌し、シェーカーへ移す。

❷ シェイクして、大型のカクテルグラスに注ぐ。

❸ 木の芽を飾る。

※［ 柚子シロップ ］

材料：柚子、氷砂糖 各適量

① 皮ごとカットした柚子と同量の氷砂糖を交互に瓶へ入
れて、密閉する。

② 冷暗所で1週間ほど置いた後、濾して冷蔵保存する。

BAR ARCHE

Bartender

村上　智美

地元・徳島の複数のホテルで経験を積む中、
バーテンダーとしてのキャリアをスタート。その
後、師匠の鴻野良和氏と出会い、「Bar 鴻
kohno」で11年間修業する。2009年、「サン
トリー　ザ・カクテル　アワード」でグランプリを獲
得し、2011年に独立して「BAR ARCHE」を
オープン。2012年には「アジアパシフィック カク
テルコンペティション」において優勝を収めた。

BAR info

BAR ARCHE 徳島県徳島市秋田町1-39-1 守住ビル1F　088-652-2080

Gin Cocktails IX

Low-Non-Bar
Hiroaki Takahashi

コーヴァル ドライジン KOVAL DRY GIN

ザ ハーバリスト ヤソ ジン 2022 THE HERBALIST YASO GIN 2022

KOVAL DRY GIN
コーヴァル ドライジン

アルコール度数：47%　容量：500ml
輸入元：株式会社 都光

原材料から樽までオーガニック

2008年、バーネカー夫妻によりアメリカ・シカゴで設立されたコーヴァル蒸溜所で造られる。原材料は契約農家が有機栽培した、遺伝子組み換えを一切行っていない穀物の実。さらに糖化・発酵における酵素や酵母、樽に至るまでアメリカ農水省のオーガニック規格を取得し、食品規定「コーシャ」の認定も受けている。

主なボタニカル（ジュニパーベリー以外）

●カルダモン　●コリアンダー　●ローズヒップ
●シナモン　●グレインズオブパラダイス

Bartender's Impression

「華やかなジュニパー、花、軽いシトラス香があり、ライトな酒質とビターな切れ味が特徴。同系統の柑橘類を使ったカクテルも美味しいのですが、コーヴァルにはない重めの香り（ウッディ、薫香）と合わせていくほうが活きる印象を受けます。薬草酒を用いたカクテルならネグローニなどやや味が重いもの、フルーツカクテルであれば少量を香りづけに。水割り、または溶かしながらゆっくりと飲むロックもお勧めです」　（髙橋さん）

コーヴァルのジントニック
KOVAL Gin & Tonic

従来のロンドンドライ ジンは、その
香りを活かそうとするとアルコール
度数が高くなってしまいがちでし
た。華やかでフレッシュな香りを持
つコーヴァルなら、心地良いバラ
ンスで満足感を得られます。トニッ
クウォーターはコーヴァルと同じく、
オーガニックに重きを置くフィーバー
ツリーを。メディタレーニアンの華や
かなハーブ感がマッチします。

材料
コーヴァル	30ml
ライムジュース	5ml
トニックウォーター（フィーバーツリー メディタレーニアン）	
	90ml
ソーダ（ウィルキンソン タンサン）	30ml

ガーニッシュ
ライムピール	1片

作り方
❶ コーヴァルとライムジュースをタンブラーに入れ、氷
を加えてステアする。
❷ トニックウォーターとソーダを注ぎ、上下に軽く混ぜ
る。
❸ ライムピールをかけて、飾る。

コーヴァルの白樺樹液割り
KOVAL & Birch Sap

白樺の樹液を加えていくと、コーヴァルの華やかな香りの奥に隠れている少し重めのシナモンやアンジェリカなどのベースノートが顔を出し、ほかのカクテルでは味わえないコーヴァルの魅力に気づかされます。ベチバーのスモーキーさに少し甘さが加わった重厚な香りを対比として加えることで、コーヴァルの華やかな香りをさらに際立たせました。

材料

コーヴァル	45ml
白樺の樹液 (リトアニア産)	90ml
ベチバー ティンクチャー※	1drop

ガーニッシュ

ニガヨモギ	1本

作り方

❶ ワイングラスにコーヴァルを注ぐ。

❷ ❶を軽く回しながら、白樺の樹液をポタポタと少量ずつ落とす。

❸ すべて落としたら、ベチバー ティンクチャーを加える。

❹ グラスに移し、大きめの氷を1つ入れる。

❺ ニガヨモギを飾る。

※ [ベチバー ティンクチャー]

材料：ベチバー 10g ／ウォッカ (スピリタス) 45ml ／ミネラルウォーター 45ml

① ベチバーをウォッカに浸漬させ、3日間室温で置いておく (もしくは、60℃で1時間湯煎する)。

② ベチバーを取り出し、ミネラルウォーターを加えてボトリングする。

　※ベチバー：イネ科の植物の根。香水にもブレンドされるようになった素材で、主にベースノート (揮発速度が遅く、香りの持続時間が長い) として使われる。

ヒノキ
アレキサンダー
Hinoki Alexander

アレキサンダー（※）のベースをコーヴァルにすると、ライトで飲み疲れしないカクテルに変化します。さらにスモークをかけることで甘さが抑えられ、大人な味わいに。ヒノキの上品でスモーキーな香りとコーヴァルの華やかな香りは、相性抜群。コーヴァル バレルドジンとブラウンカカオ リキュールにレシピを置き換えて、リッチな味わいを楽しんでも。

※アレキサンダー
ブランデー、クレームドカカオ、生クリームをシェイクして作るカクテル。ジンベースがアレキサンダー No.1、ブランデーベースがNo.2として知られ、日本ではブランデーベースが一般的。

材料
コーヴァル	20ml
ホワイトカカオ リキュール（エギュベル）	20ml
生クリーム	20ml
ヒノキ ウッドチップ	適量

作り方
1. ヒノキ ウッドチップ以外の材料をシェーカーに入れる。
2. ヒノキ ウッドチップを火で炙り、小ぶりなワイングラスを逆さにして出てきた煙を受け止める。
3. 煙がたまったら、コースターなどでワイングラスに蓋をする。
4. ❶を❸へ入れて、再び蓋をする。
5. スワリングして、薫香を液体に移す。
6. 30秒ほどしたら蓋を外し、液体をシェーカーへ戻す。
7. シェイクして、ロックグラスに注ぐ。

パフューム_003

Perfume_003

コーヴァルの華やかな香りを香水のエッセンスのひとつとして捉え、構成しました。香水はフレッシュ、フローラル、ウッディ、エキゾチック系に大別され、コーヴァルはフレッシュ&フローラル。これにエキゾチック系のサンダルウッドと柚子、蒸溜するとほんのりウッディで甘い香りになるホーリーバジルティーを合わせ、複層的な香りに仕上げました。

材料

コーヴァル	45ml
ライム&柚子ジュース※1	15ml
シンプルシロップ	5ml
アロマミックス※2	10ml

作り方

❶ 材料をシェイクして、カクテルグラスに注ぐ。

※1 [ライム&柚子ジュース]
材料：ライムジュース 50ml／木頭ゆずジュース 50ml
① 材料を合わせて、ボトリングする。

※2 [アロマミックス]
材料：ホーリーバジル アロマウォーター（★1）10ml／サンダルウッド ティンクチャー（★2）1drop／バニラエッセンス 1drop

① 材料を合わせて、冷蔵保存する。

★1 [ホーリーバジル アロマウォーター]：ホーリーバジルティー（トゥルシー）20gとミネラルウォーター 250mlを常圧蒸溜器で蒸溜する。アロマウォーターが100ml取れたら、蒸溜を止める。粗熱を取ってボトリングし、冷蔵保存する。

★2 [サンダルウッド ティンクチャー]：サンダルウッド 10gをウォッカ（スピリタス）45mlに浸漬させ、3日間室温で置いておく（もしくは1時間、60℃で湯煎する）。サンダルウッドを取り出し、ミネラルウォーター 45mlを加えてボトリングする。

スモーキー マティーニ

Smoky Martini

アイラウイスキーの薫香が、コーヴァルの華やかで軽い香りを補完するように嵌まる一杯。プレミックススタイルのマティーニは、加水量と温度さえコントロールすれば自宅でも手軽に作れます。好きな量をグラスに注げるので、少しだけ飲みたいときにも。このプレミックスをソーダで割ってレモンスライスを添えれば、どのジャンルの料理にも合うオールラウンダーなハイボールになります。

材料	
コーヴァル	60ml
ウォッカ（ケテルワン）	10ml
ウイスキー（カリラ12年またはタリスカー10年）	5ml
ミネラルウォーター	20ml

作り方

❶ 材料を瓶に入れて、冷凍庫で1時間以上冷やす。

❷ 飲む前に軽く瓶を振って、好みの量をカクテルグラスに注ぐ。

THE HERBALIST YASO GIN 2022
ザ ハーバリスト ヤソ ジン 2022

アルコール度数：41％　容量：700ml
製造元：株式会社 越後薬草

自然由来の野草が持つ生命力を宿す

野草酵素の研究を40年以上続けてきた新潟県上越市の越後薬草が造るジンで、野草を原料にした健康食品の製造過程で誕生した。ベーススピリッツの原料に野草を中心とした80種類を使い、2022年モデルは70種類のボタニカルを加えて再蒸溜していることからラベルに「150」（80+70の合計）と書かれている。

主なボタニカル（ジュニパーベリー以外）
● ベルガモット（皮・実）　● ローズピンクペタル
● ローズマリー　● 米山トウキ　● ホーリーバジル
● コリアンダーシード　● アンジェリカルート　● タイム
● ピンクペッパー　● キャラウェイ　● フェンネルシード
● リコリス　● セージ　● シナモン　● 根ショウガ

Bartender's Impression

「ジュニパーよりハーブ感の強いYASOが持つ、花やハーブの香りを活かすようなカクテルを作りたいですね。テイスティンググラスで味わうと、軽快なハーブの香りだけでなく奥のほうに重いハーブやスパイスの香りも隠れていることに気づきます。その"間"を埋めるような香りや味を選ぶと、面白いカクテルが出来ますよ。フルーツや一般に親しみのあるハーブ、シェリー、ベルモットと好相性です」

（髙橋さん）

ジンリッキー
Gin Rickey

私のジンリッキーの解釈は「ライムのフルーツカクテル」です。通常は甘味の強いジンを使って甘酸味を整えますが、追熟が進んだライムは青臭さが抜けて酸味が落ち着き、少しミントっぽい上品な香りに変化します。その状態のライムをYASOと合わせると、軽快でさらっと飲めるハーバルな一杯が楽しめます。

材料

YASO	30ml
カットライム※	1/4個
ソーダ(ウイルキンソン タンサン)	90ml

※カットライム
なるべく皮が薄く、表面がつるっとしたライムを選ぶと良い。中性洗剤のついたタワシで表面のワックスを落としたら、追熟する。軽く揉むと中の繊維が傷つき、修復するためのエネルギーとして酸を使うので、酸味が強いライムしか手に入らない場合は揉んでから追熟してみても。

作り方

① タンブラーにYASOを入れて、ライムを優しく搾る。
② ライムの皮のオイルをしっかりと拭いてタンブラーに落とし、氷を加える。
③ 氷にあてないよう、ソーダを3回に分けて注ぐ(炭酸の力で混ぜるように)。
④ バースプーンで底に沈んでいるライムを軽くたたく。

YASO茶ニック
YASO CHA-NIC

YASOから感じる若干の塩気と旨味に、濃い目に淹れたお茶を合わせたジントニック。トニックウォーターが持つキナの苦味を、煎茶の苦味と旨味で代替しました。YASOをカクテルにすると軽い香りだけが前に出てくるので、それ以外の部分をお茶の香りで押し上げていくイメージです。

材料

YASO	30ml
ライムジュース	5ml
茶ニック※	90ml

作り方

❶ グラスに氷とYASO、ライムジュースを入れてステアする。

❷ 茶ニックを加えて、軽く混ぜる。

※[茶ニック]

材料：煎茶 5g ／ミネラルウォーター 120ml ／シンプルシロップ 15ml ／アスコルビン酸（ビタミンC）1g

① 煎茶をミネラルウォーターに浸漬させ、1時間ほど室温で置いておく。

② 濾して、シンプルシロップとアスコルビン酸を加えてボトリングする（茶葉によって甘味に差があるので、シンプルシロップとアスコルビン酸の量は調整する）。

③ ソーダストリームなどでガスを充填する。

※③の工程を省いたガスなしでも、美味しく飲める。

サウスサイド
ハイボール
South Side Highball

クラッシュドアイスとストローで飲む
モヒートも良いですが、ごくごく飲み
たいならハイボールスタイルで。モ
ヒートのようにミントを一杯入れると
飲みづらくなってしまうため、アロマ
ウォーターで補完します。今回は
ジャスミン茶のフローラル＆グリーン
な香りとペパーミントで作りましたが、
カモミールやバラ、ラベンダーなどで
も美味しく召し上がれます。

材料
YASO	30ml
ライムジュース	15ml
シンプルシロップ	10ml
ペパーミント＆ジャスミンウォーター※	5ml
ソーダ（ウィルキンソン タンサン）	70〜90ml

ガーニッシュ
スペアミントまたはイエルバブエナ	少量

作り方
❶ 氷を入れたタンブラーにソーダ以外の材料を注い
で、軽くステアする。
❷ ソーダを加えて軽く混ぜ、ガーニッシュを飾る。

※［ ペパーミント＆ジャスミンウォーター ］
材料：ペパーミント（乾燥）20g ／ジャスミンティー（な
るべく良質な茶葉）20g ／ミネラルウォーター 500ml
① 材料を常圧蒸溜器で蒸溜する。
② 蒸溜水が200ml取れたら、蒸溜を止める。
③ 粗熱を取ってボトリングし、冷蔵保存する。
　　※ペパーミントとジャスミンティーを別々で蒸溜する場合は、
　　　ミネラルウォーターを各250mlにする。

YASOとライチのフィズ
YASO and Lychee Fizz

ワイングラスでYASOをテイスティングした際、軽快な香りが代わる代わる立ち上ってきました。その様子から山で走り回っている子供を連想して創作した、少し陽気なテイストのカクテルです。ライチの上品な香りとYASOのハーバル感を際立たせるため、独特な甘い香りと青い香りのあるパンダンリーフをグラスに巻き付けました。

材料

YASO	30ml
ライムジュース	10ml
ライチシロップ※	10ml
ソーダ（ウィルキンソン タンサン）	適量

ガーニッシュ

パンダンリーフ	1枚

作り方

1. ソーダ以外の材料をシェイクして、氷を入れたグラスに注ぐ。
2. ソーダを加えて、軽く混ぜる。
3. パンダンリーフをグラスに巻きつける。

※[ライチシロップ]

材料：ライチ（冷凍品可）500ｇ／グラニュー糖 適量

① ライチの皮と種を掃除して、スロージューサーにかける（スロージューサーがない場合は、ブレンダーなどで潰してからさらしで濾す）。
② ①でできたライチジュースと同量のグラニュー糖を加えて、火にかける。
③ グラニュー糖が溶けたら粗熱を取ってボトリングし、冷蔵保存する。

シン ホワイトレディ
SHIN White Lady

現代の「ホワイトレディ」(※1)のイメージと
YASOのキャラクターから、白いワンピースで
ピクニックに来た女性を思い浮かべてアレンジ
しました。温かみのあるオレンジではなく、爽や
かで甘味を感じる香りのベルガモットを合わせ、
サワーシロップ(※2)によるふわっとしたテクス
チャーで女性らしい柔らかな印象に仕上げて
います。

※1 ホワイトレディ
ジン、コアントロー(オレンジリキュール)、レモンジュー
スをシェイクして作るカクテル。その色から貴婦人をイ
メージして創作されたともいわれている。もともとは卵
白が入るレシピだが、日本では卵白抜きのレシピが一
般的。

※2 サワーシロップ
「サワースタイル」は世界的に人気だが、デメリットが多
く日本では敬遠されがち。
・卵白特有のにおい(カクテルの温度が上昇するにつ
れ目立つ)
・卵を使用すると、卵白と卵黄を無駄にしてしまう可能
性がある
・アレルギーやヴィーガンなど、体質やライフスタイル
により飲めない
などの問題がある。

それらを解決するため、バーで使いやすいサワー用
の素材としてロサンゼルスのバーテンダー、Mike
Capoferri氏が考案したレシピを日本でも作りやすい
よう髙橋さんがアレンジした。

材料
YASO	40ml
ベルガモットリキュール(イタリカス)	5ml
レモンジュース	15ml
サワーシロップ※	15ml

ガーニッシュ
押し花	適量

作り方
❶ 材料をシェイクする。
❷ シェーカー内の氷を外し、ドライシェイクする(氷なし
でシェイク。できれば、バーズネストのバネの部分も
入れてシェイクする)。
❸ 目の細かいバーズネストで濾しながら、カクテルグラ
スに注ぐ。
❹ 押し花を飾る。

※[サワーシロップ]
材料:水 370g /グラニュー糖 125g /メチルセル
ロース 6g

① 水とグラニュー糖を合わせ、溶けるまで充分に撹拌す
る(少し温めても良い)。
② メチルセルロースを加えて(温めた場合は常温に戻し
てから)、泡立たないようにスプーンで撹拌して溶か
す。
③ ボトリングして、冷蔵保存する。

Low-Non-Bar

Bartender
髙橋 弘晃

北海道生まれ。銀座「BAR BRICK」の店長
を務めた後、現職場の（株）オーチャードナイ
トに入社。「カクテルワークス 東京」と「LOW-
NON-BAR」の立ち上げに携わり、同店の
マネージャーとしてカウンターに立つ。アロマ
ウォーターを用いたカクテルや、モクテル、ロー
アルコールカクテルに造詣が深く、特にモクテ
ルに関してはTVや書籍など多数のメディア
に取り上げられている。

BAR info

Low-Non-Bar　東京都千代田区神田須田町1-25-4 マーチエキュート神田万世橋1F-S10　03-4362-0377

バーテンダーがつくるジン Ⅲ

KUROMOJI GIN ✕ 川内 大樹氏

富山県産のクロモジとエゴマが原料

DATA

主なボタニカル（ジュニパーベリー以外）

- クロモジ（富山県利賀村産）
- エゴマ（富山県富山市産）
- エゾミカン（北海道積丹産、乙部産）
- ホップ
  （北海道積丹産の野生種、富良野産のカスケード種）
  ほか　計12種類

ベーススピリッツ

- サトウキビ由来のニュートラルスピリッツ

蒸溜器／蒸溜機

- ハイブリッドスチル（500L）
- 減圧ポットスチル（50L）

再蒸溜法

- 浸漬法
  クロモジ：乾燥した枝をチップ状に破砕
  エゴマ：乾燥した葉をそのまま
  エゾミカン：フレッシュなものをミキサーで破砕
  その他のボタニカル：乾燥したものをそのまま
  浸漬時間：ボタニカルごとに異なり、10〜20時間

アルコール度数：45%　容量：500ml　蒸溜所：積丹ブルー蒸溜所（北海道積丹郡）

面積の97%を森林が占めるという富山県南砺市利賀村で自生するクロモジを原料に造られたのが、「KUROMOJI GIN」。富山のバー「Bar HYDEOUT」を経営する川内大樹さんが開発に携わり、2021年12月に完成しました。高岡市を拠点に活動するデザイナー、羽田純さんによるポップなラベルデザインに思わず手が伸びます。

●

「先にクロモジを原料にしたトニックウォーターを造ったのですが、そういえば富山県にはクラフトジンがないなと。であれば、このトニックウォーターに合うジンを造ろうと考えたのが開発のきっかけです。利賀村の名産であるクロモジをメインに、エゴマ、エゾミカン（キハダ）、ホップなどをボタニカルに選びました。クロモジ、エゾミカン、ホップと決めた後にもう少し甘味が欲しくて加えたのがエゴマ。ふくよかな甘味があって、全体の味わいがまとまりました。県内の林業を担う方々にご協力頂き、ボタニカルの採取もしています」　　　　　（川内さん）

●

北海道の積丹で株式会社 積丹スピリットが製造するジン「火の帆 HONOHO」のアンバサダーだった川内さんは、同社に蒸溜を委託することに。ベーススピリッツは、サトウキビ由来のニュートラルスピリッツ（95.3%）を積丹の水で59%まで加水したもの。ジュニパーベリーを含む8種類のボタニカルをハイブリッドスチルでワンショット蒸溜した"Shakotan Dry Gin"と、クロモジ・エゴマ・エゾミカン・ホップをそれぞれ減圧ポットスチルで蒸溜した4種のボタニカルスピリッツをブレンドしています。

●

「富山県の名産として白エビやカニがあるので、それらを使ったジンにも挑戦しています。漁師さんとお仕事をさせて頂いているのですが、一緒に食事をしていた際に白エビやカニの殻を捨てずに蒸溜してみようと思い付きました。蒸溜後はその殻を乾燥させて燻製チップにすれば、カクテルに使えます。また、白エビやカニで造ったジンを海底で熟成させて3か月後に引き上げる、要するに再び海に戻すとどうなるだろうとか、夢は膨らみますね」　　　　　（川内さん）

お勧めカクテル①
ジントニック

ジントニックといえばライムですが、クロモジにはレモンのほうが相性が良いです。折ると、爽やかな柑橘系の香りが出るクロモジの枝を添えて。また、その香りをより感じて頂けるようワイングラスで提供することも。

RECIPE	材料		作り方
	クロモジ ジン	30ml	❶ タンブラーに氷とジン、レモンジュースを入れて、ステアする。
	クロモジ トニックウォーター	95ml	❷ トニックウォーターを注ぎ、軽く混ぜる。
	レモンジュース	5ml	❸ クロモジの枝を飾る。
	クロモジの枝	1本	

お勧めカクテル②
ネグローニ

当店でジントニックの次に人気があるカクテルです。カンパリとスイートベルモットのほろ苦く甘い味わいに、クロモジの爽やかでウッディな香りがマッチ。どことなく心が落ち着き、癒されるような一杯に仕上がっています。

RECIPE	材料		作り方
	クロモジ ジン	30ml	❶ 氷を入れたロックグラスに材料を入れて、ステアする。
	スイートベルモット（カルパノ アンティカ フォーミュラ）	20ml	❷ レモンピールをかける。
	カンパリ	30ml	
	レモンピール（ガーニッシュ）	1片	

KUROMOJI GIN ✕ 川内 大樹氏

Hiroki Kawauchi

川内 大樹

富山県出身。25歳の時、友人と訪れたフレア
バー「Lounge Bar HARVEST」で衝撃を
受け、溶接工からフレアバーテンダーに転身。
その後「Bar白馬館」を経て、2018年に「Bar
HYDEOUT」をオープンした。農家と交流し、
厳選した富山県利賀村の山の素材をカクテ
ルにする"Mountain to Glass"を提唱。富山
にフレアの文化を根付かせたいという思いか
ら、さまざまなイベントを企画している。ギリシャ
で開催された「Zante Flair Open 2022」
世界大会ファイナリストなど、入賞多数。

BAR info

Bar HYDEOUT
富山県富山市桜町2-6-8 T-ONEビル3F
090-3763-7148

Gin Cocktails X

BAR SEBEK
Makiko Ohtsu

サントリージン ROKU ROKU GIN

ジーヴァイン フロレゾン G'VINE FLORAISON

ROKU GIN
サントリージン ROKU

アルコール度数:47%　容量:700ml
製造元:サントリー

六種の和素材が織り成すハーモニー

日本を彩る四季の恵みを6種類の和素材（桜花、桜葉、煎茶、玉露、山椒、柚子）で表現し、ベースとなる8種類のボタニカルとバランス良くブレンド。それぞれの旬の時期に収穫し、素材の特長に合わせた製法で蒸溜することで桜の繊細な香り、柚子の爽やかさ、お茶の瑞々しさ、山椒のスパイシーさなどを引き出している。六角形のボトルには、それら6種類の素材が彫刻で施されている。

主なボタニカル（ジュニパーベリー以外）

●桜花　●桜葉　●煎茶　●玉露　●山椒　●柚子
●コリアンダーシード　●アンジェリカルート
●アンジェリカシード　●カルダモンシード
●シナモン　●ビターオレンジピール　●レモンピール

Bartender's Impression

「桜の華やかなフレーバーの中に山椒のスパイシーさがあり、芯の通った味わいでカクテルにとても使いやすいです。ただ、和素材のボタニカルは繊細なので、それらが引き立つような梅、甘酒、ざくろ、りんご、紫蘇、生姜といったものを合わせると良いでしょう。ソーダで割って、オレンジピールをかけるだけのシンプルな飲み方も。ROKUの自然で優しい甘さをソーダとオレンジピールが引き出します」　　　　（大津さん）

ハニー ビーズ
トニック
Honey Bees Tonic

蜂蜜や蜜蝋を採った後も蜂蜜が
しっかり染み込んでいる巣屑を
ROKUに浸け込み、フルーツや
ハーブと合わせてトニック割りにしま
した。巣屑によって酒質が柔らかく
なり、残っている花粉などから花の
香りや紅茶のようなフレーバーが移
ります。フルーツティーはお好みのも
の、ガーニッシュは季節のハーブを。

材料

ROKU（ビーズワックス インフューズド）※	30ml
フルーツティー	15ml
アジアン レモングラス シロップ（モナン）	5ml
トニックウォーター（シュウェップス）	30ml

ガーニッシュ

フェンネル	1本

作り方

❶ トニックウォーター以外の材料をデキャンタでスワリ
ングして、ワイングラスに注ぐ。

❷ 氷を加え、トニックウォーターを注いで軽く混ぜる。

❸ フェンネルを飾る。

※[ROKU（ビーズワックス インフューズド）]
材料：ROKU 500ml ／ビーズワックス（蜂蜜を採った
後の巣屑）50g

① 材料を容器に入れて、48時間浸け込む。

② フィルターで濾して、常温で保存する。

エヴァールアイ

FRI（Fukuoka Roku Ice）

私の地元である福岡の食材を使っ
た、ROKUのクラフトカクテルです。
ROKUの風味を損ねずに日本らし
さを出すため甘酒を用いて、バニラ
アイスで甘味と厚み、八女抹茶で
苦味、あまおうで酸味を加えました。
デザート感覚でお楽しみください。

材料

ROKU	30ml
甘酒	30ml
バニラアイスクリーム	2カップ

ガーニッシュ

八女抹茶	適量
苺（あまおう／冷凍）	1/2〜1/4個

作り方

❶ 材料をハンドブレンダーで撹拌して、クープグラスに
　注ぐ。

❷ 八女抹茶をふるいかけ、苺をすりおろす。

ネグローニ×テンモーパン
Negroni × Thai watermelon smoothie

バンコクのバー「Vesper」のゲ
ストシフトで厳暑のタイを訪れた
際、美味しくて何度も飲んだスイカ
のジュース"テンモーパン"。これと
ROKUで何か作りたいと思い、スイ
カと相性の良いカンパリを合わせて
みました。スイカは冷凍しておけば
ロスが防げますし、ブレンダーで撹
拌する際に氷が要らないので水っ
ぽくなりません。

材料
ROKU	25ml
カンパリ	10ml
スイートベルモット（マンチーノ ヴェルモット ロッソ）	
	10ml
シンプルシロップ	10m
レモンジュース	5ml
スイカ（ダイスカットして冷凍）	100g

ガーニッシュ
ドライレモン（ディハイドレーターで乾燥したもの／70℃・8時間）	
	1枚
ローズマリー	1本

作り方

❶ 材料をブレンダーで撹拌して、ブランデーグラスに
注ぐ。

❷ ガーニッシュを飾り、ストローを添える。

オリエンタル ジン フィックス
Oriental Gin Fix

ジン、レモンジュース、砂糖で作る
「ジンフィックス」を飲みやすくア
レンジ。スライスしたレモンをカイピ
リーニャ（※）のようにグラスの中へ
入れることで、さらに爽やかな酸味
をプラスしています。ガーニッシュは
ジャスミンティーと相性が良く、手に
入りやすいマンゴーを選びました。

※カイピリーニャ
カシャッサ（ブラジル産のサトウキビを
原料にした蒸溜酒）、ざく切りにしたライ
ム、砂糖を混ぜて作るカクテル。

材料

ROKU	45ml
カットレモン	1/2個
砂糖	2tsp
ティムットペッパー	5粒
ジャスミンティー	45ml

ガーニッシュ

ミント	1枝
マンゴー（冷凍）	1個

作り方

❶ レモンをスライスしてグラスに入れ、砂糖とティムット
ペッパーを加えてペストルで潰す。

❷ ROKUとジャスミンティーを注いでクラッシュドアイ
スで満たし、混ぜる。

❸ ガーニッシュを飾り、ストローを添える。

瑞花
Zuika

「サントリー ザ・カクテルアワード 2021」でグランプリを頂いた作品です。ROKUのボトルの形状から、養蜂をしている自宅の蜂の巣を連想したのが創作の始まりでした。瑞花は六角形の雪の結晶で、明るい未来を表す言葉です。このカクテルで幸せが舞い降り、心と心が溶け合いますように。

材料

ROKU	20ml
抹茶リキュール（サントリー 奏）	15ml
生姜シロップ（わつなぎ 生姜）	5ml
蜂蜜	10ml
ミネラルウォーター（サントリー天然水）	10ml

ガーニッシュ

ライムピール、レモンピール、ライスペーパー、
ブラックオリーブ、南天の葉 ……… 各適量

作り方

❶ 材料をシェイクして、カクテルグラスに注ぐ。
❷ ガーニッシュを飾る。

G'VINE FLORAISON

ジーヴァイン フロレゾン

アルコール度数：40%　容量：700ml
輸入元：株式会社コートーコーポレーション

白ブドウによる究極のフローラル感

フランス・コニャック地方産の白ブドウ（ユニブラ
ン種）を蒸溜したスピリッツをベースに、9種類の
ボタニカルとユニブランの花のエッセンスを浸漬
した、フローラルで華やかなジン。創業者でマス
ターディスティラーのジャン・セバスチャン・ロビケ
氏が4つのファミリーに分類して蒸溜したボタニカ
ルをブレンドし、銅製単式蒸溜機で再蒸溜して
造っている。

主なボタニカル（ジュニパーベリー以外）
- ユニブランの花のエッセンス　●ジンジャールート
- リコリス　●カシアバーク　●グリーンカルダモン
- ライム　●コリアンダー　●クベバベリー　●ナツメグ

Bartender's Impression

「優しい味わいが特徴のジンなので、クセの強い野菜やハーブなどと相
性が良いです。きゅうり、バジル、エルダーフラワー、カモミール、ヨーグル
ト、ビネガーなど。ロックスタイルにするとユニブランの花の甘味がグッと
増して華やかになりますが、同時に水っぽく感じてしまいがち。例えば
30mlほどをステアで冷やして、小さなグラスでキュッと飲むような楽しみ
方がお勧めです」
　　　　　　　　　　　　　　　　　　　　　　　　　　　　　（大津さん）

ハーベイシャス トニック

Harbaceous Tonic

フローラルで華やかなジーヴァイン
フロレゾンは、ハーブとの相性が抜
群です。そこで万人に愛されるエル
ダーフラワーとカモミールのシロップ
を合わせて、熊笹で青い香りを表
現しました。"混生したハーブ"とい
う意味のカクテル名です。

材料

ジーヴァイン フロレゾン・・・・・・・・・・・・・・・・ 30ml
エルダー＆カモミール シロップ (SUMIKA) ・・・ 10ml
ライムジュース・・・・・・・・・・・・・・・・・・・・・・・・ 10ml
トニックウォーター (フィーバーツリー メディタレーニアン)
・・・・・・・・・・・・・・・・・・・・・・・・・・・・・・・・・・・・・ 60ml

ガーニッシュ

熊笹・・・・・・・・・・・・・・・・・・・・・・・・・・・・・・・・ 1枚

作り方

❶ トニックウォーター以外の材料をタンブラーに入れ、
　氷を加えてステアする。
❷ トニックウォーターを注ぎ、軽く混ぜる。
❸ 熊笹を飾る。

ビーツ エスプレッソ マティーニ
Beets Espresso Martini

真っ赤なビーツの色を活かした、エスプレッソマ
ティーニです。野菜の青さが気にならないよう、カ
カオの甘味とエスプレッソの酸味、フォームミルク
の柔らかい口当たりでまとめました。

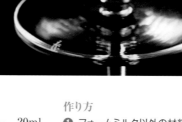

材料

ジーヴァイン フロレゾン	20ml
ビーツジュース	10ml
エスプレッソ	20ml
シンプルシロップ	10ml
ホワイトカカオ リキュール (エギュベル カカオ ホワイト)	
	10ml
フォームミルク※	適量

ガーニッシュ

トンカビーンズ	適量

作り方

❶ フォームミルク以外の材料をシェイクして、クープグ
ラスに注ぐ。

❷ フォームミルクを静かに加える。

❸ トンカビーンズを削りかける。

※[フォームミルク]
冷たい牛乳 (適量) をミルクフォーマーで撹拌する (温め
たほうが泡は安定するが、カクテルが温くなってしまうた
め)。

バカンス デテ
Vacances d'ete

ジーヴァインを初めて飲んだ時、あの「桃モッツァレラ」が
頭に浮かびました。それに近いものをカクテルで表現しよう、
と考えたのが創作のきっかけです。爽やかな夏の長期休
暇に、ゆったりと召し上がって頂きたい一杯です。

材料

ジーヴァイン フロレゾン	20ml
桃（缶詰）	3切れ
水切りヨーグルト	大さじ1
白ワインビネガー	10ml
レモンジュース	10ml

ガーニッシュ

レモンゼスト、ブラックペッパー	各適量

作り方

❶ 材料とクラッシュドアイスをブレンダーに入れて撹拌
し、カップに注ぐ。
❷ ガーニッシュを散らす。

セレニテ
Sérénité

癒しの空間や、平静などを意味する「セレニテ」。以前、早朝に樹齢1000年を越える大木を見た時に感じた、森の澄んだ空気をイメージしています。ル・レクチェの時季によくお出しする、フレッシュセロリと合わせたカクテルを季節問わず作れたらと思い考案しました。

材料

ジーヴァイン フロレゾン	20ml
ウィリアムズペア フルーツミックス（モナン）	大さじ1
ジャスミンティー	20ml
セロリビターズ※	5ml
モヒート ミント シロップ（モナン）	5ml

ガーニッシュ

エディブルフラワー、フェンネル	各適量

作り方

❶ 材料とクラッシュドアイスをブレンダーに入れて撹拌し、グラスに注ぐ。

❷ ガーニッシュを飾る。

※[セロリビターズ]
材料：ウォッカ（スミノフ ブルー）200ml ／セロリ 1本／カルダモン 6粒／コリアンダーシード 10粒／レモンピール 3枚

① 材料を容器に入れて、1週間浸け込む。

② フィルターで濾して、常温で保存する。

フローラ
Flora

中洲の名店「ニッカバー七島」60周年の際に考案した、パンチカクテル（※）のベースをジーヴァインに変えて作りました。素晴らしい会にローアルコールカクテルで花を添えたいと思い、見た目も華やかに仕上げた一杯です。

※パンチカクテル
　パンチボウルと呼ばれる大きな器で提供されるカクテルで、パーティなどで振舞われる。

材料
ジーヴァイン フロレゾン ……………………… 500ml
フランボワーズ リキュール（フィリップ ド ブルゴーニュ）
………………………………………………… 750ml
アーモンドシロップ（モナン） ……………… 500ml
ライムジュース ……………………………… 250ml
クランベリージュース ……………………… 1,500ml

ガーニッシュ
エディブルフラワー、レモン、ライム、
ミックスベリー（冷凍）、ミント……………… 各適量

作り方
❶ パンチボウルに材料を入れて、混ぜる。
❷ カップに❶を取り分ける。

※1杯あたりの量は、ジーヴァイン フロレゾン 10ml、フランボワーズ リキュール 15ml、アーモンドシロップ 10ml、ライムジュース 5ml、クランベリージュース 30ml。

BAR SEBEK

Bartender

大津　麻紀子

バーテンダースクールを卒業後、福岡のバー
「BAR HEART STRINGS」などで10年
間修業を積み、2011年に独立して「BAR
SEBEK」をオープン。2013年から2021年ま
でNBA主催「全国バーテンダー技能競技大
会」九州代表として出場する。2017年、「ヘ
ネシー X.O カクテルコンペティション」で優勝、
2021年には「サントリー ザ・カクテルアワード」
でグランプリにあたるカクテルアワードに輝く。
写真、ダイビング、釣りなど多趣味。

BAR info

BAR SEBEK　福岡県福岡市博多区中洲4-1-12 1F　092-291-5510

Gin Cocktails XI

Bar TRIAD
Chihiro Moue

モンキー 47 ドライ ジン MONKEY 47 DRY GIN

フェア. ジュニパージン オーガニック
FAIR. JUNIPER GIN ORGANIC

MONKEY 47
DRY GIN
モンキー 47 ドライ・ジン

アルコール度数：47%　容量：500ml
輸入元：ペルノ・リカール・ジャパン株式会社

47種類のボタニカルが複雑に調和

ドイツ南西部、シュヴァルツヴァルト（ドイツ語で黒い森の意）で2008年に設立されたブラックフォレスト蒸溜所が製造する。英国空軍のモンゴメリー・コリンズ中佐によるレシピをもとに生まれたブランドで、第2次世界大戦後に中佐がベルリン動物園の東インドアカゲザル"マックス"のスポンサーになったことがネーミングの由来。

主なボタニカル（ジュニパーベリー以外）

●オレンジ　●クローブ　●ホーソン　●リコリス
●アカシア　●ローズヒップ　●ジャスミン
●カモミール　●ナツメグ

Bartender's Impression	「47種類に及ぶボタニカルを使用し、蒸溜して造られるジンです。ブラックフォレスト原産の珍しいボタニカルは手摘みにこだわっています。数多くのボタニカルが複雑に調和し、どのような飲み方でも素晴らしく美味しいですね。モンキー 47の芳醇な香りが楽しめるお湯割りは、お好みで蜂蜜を加えて。相性が悪いものは無いのではと思うほど、あらゆる素材に合います」
	（馬上さん）

モンキー トニック
Monkey Tonic

ジントニックはとてもシンプルなカクテルですが、モンキートニックなら47種類のアロマが複雑に絡み合った至高の一杯になります。さらに、そのシトラス風味を引き立てるピンクグレープフルーツをガーニッシュにしました。ソーダ割りにする場合は、レモンを添えて。

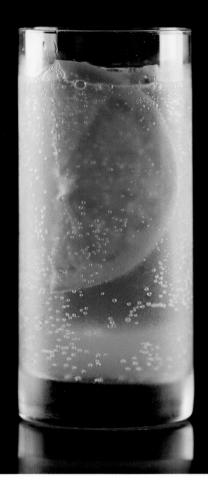

材料

モンキー47	40ml
レモンジュース	5ml
トニックウォーター（フィーバーツリー）	80ml

ガーニッシュ

ピンクグレープフルーツ スライス	1枚

作り方

❶ タンブラーに氷とモンキー47、レモンジュースを入れてステアし、しっかりと冷やす。

❷ トニックウォーターを氷にあてないように注ぐ。

❸ バースプーンで氷を2回ほど持ち上げて、混ぜる。

❹ ピンクグレープフルーツ スライスを飾る。

モンキーズ
ウェディング
Monkey's Wedding

蒸溜所があるブラックフォレストの森を散策した時の景色をカクテルで表現しました。もみの木はブラックフォレストに自生している植物で、シャンパンが華やかさと深みを与えます。カクテル名は天気雨のことで、実際に雨も雪も降っていました。

材料

モンキー47	30ml
もみの木リキュール（アルザス リキュール ド サパン）	15ml
レモンジュース	15ml
ハニーシロップ※	5ml
グレープフルーツ ビターズ（スクラッピーズ）	2dashes
シャンパーニュ ブリュット	30ml

ガーニッシュ

ローズマリー	1本

作り方

❶ シャンパーニュ以外の材料をシェイクして、冷やしたクープグラスに注ぐ。

❷ シャンパーニュを加えて、軽く混ぜる。

❸ ローズマリーを飾る。

※[ハニーシロップ]
蜂蜜 2に対して、熱湯 1の割合で溶かし混ぜる。

ラモス ジン フィズ
Ramos Gin Fizz

モンキー47をベースにラモス ジン
フィズを作ると、華やかさの中にラベ
ンダーの香りが引き立ちます。ボタ
ニカルを豊富に使用しているため、
生クリームなどの油分が多い材料
と合わせても香りがマスキングされ
ません。やや手間はかかりますが、
美味しいクラシックカクテルです。

材料

モンキー47	45ml
生クリーム（47%）	20ml
シンプルシロップ	20ml
卵白	20ml
レモンジュース	10ml
ライムジュース	10ml
オレンジフラワーウォーター	5dashes
ソーダ（ペリエ）	60ml

作り方

❶ タンブラーに少量の氷を入れる。

❷ ソーダ以外の材料をドライシェイク（氷なしでシェイ
ク）して、泡立てる。

❸ 氷を加えて、60秒ほどしっかりとシェイクする。

❹ ❸のシェーカーとソーダを両手に持ち、同時にゆっく
りと❶の縁まで注ぎ入れる（シェーカー内に少し液
体が残る）。

❺ 60秒ほど置いて、カクテルの泡を安定させる。

❻ 残りの液体を注ぎ入れ、泡を持ち上げる。

ホワイト ネグローニ
White Negroni

通常の赤いネグローニと比べて、ホワイトネグローニはシトラスやラベンダーなどの軽い香りが引き立つ点が魅力です。モンキー47とスーズは共に同じ工場で製造されるモラセス由来のベーススピリッツを使っていることからも、最高の組み合わせといえるのではないでしょうか。

材料
モンキー47	30ml
スーズ	20ml
リレブラン	20ml

ガーニッシュ
レモンピール	1片

作り方
❶ 材料をステアして、氷を入れたロックグラスに注ぐ。
❷ レモンピールをかけて、飾る。

フォギー マティーニ
Foggy Martini

ヴェスパーマティーニ（※）から着想を得て、創作しました。モンキー47に「スモークハウスカット」という限定ボトルがあるように、スモーキーなフレーバーともマッチするので、中国茶のラプサンスーチョンを用いています。キナ ラエロ ドールが持つオレンジの甘味やキナ由来のほろ苦さが、ラプサンスーチョンとモンキー47の風味を上手く繋いでくれます。

※ヴェスパーマティーニ
ジンとウォッカ、リレブラン（アペリティフワイン）をシェイクして作るカクテル。

材料

モンキー47	30ml
キナ ラエロ ドール	10ml
ラプサンスーチョン※	45ml
アロマティック ビターズ（スクラッピーズ）	2dashes

ガーニッシュ

オレンジピール	1片

作り方

❶ 材料をステアして、冷やしたカクテルグラスに注ぐ。
❷ オレンジピールをかけて、飾る。

※[ラプサンスーチョン]
材料：ラプサンスーチョン（茶葉）4g ／お湯（85℃）350ml

① ポットにお湯（分量外）を注いで温め、お湯を切る。
② ラプサンスーチョンとお湯を①に入れて、5分ほど抽出する。
③ ティンなどに濾しながら注ぎ、流水で冷ます。

FAIR.
JUNIPER GIN
ORGANIC

フェア. ジュニパー ジン
オーガニック

アルコール度数:42%　容量:700ml
輸入元:株式会社スモールアックス

地球にやさしいオーガニックジン

フェアトレードの理念に基づき、ウズベキスタンの
自然保護区で栽培されたジュニパーベリーなど
の原料を使用してフランス・コニャック地方で発酵、
蒸溜からボトリングまでを行う。ベーススピリッツは、
同社が造るキヌア ウォッカ。2009年、アレクサンド
ル・コアランスキー氏によって設立され、フェアトレー
ド認定を受けた世界初のスピリッツメーカー。

主なボタニカル (ジュニパーベリー以外)
●アンゼリカルート　●カルダモン　●コリアンダー
●ティムットペッパー

| Bartender's Impression | 「クリーンで爽やか、柑橘のフレーバーが印象的なフェア. ジン。まずは炭酸を加えて、さっぱりとした一杯を楽しんでみてください。柑橘系はもちろんのこと、桃やアプリコットなど柔らかい甘味を持つフルーツとも合います。マティーニならドライベルモットより、キナ ラエロ ドールなどを使用してヴェスパースタイル(※)に仕上げると良いでしょう」　(馬上さん) |

※ヴェスパースタイル
ヴェスパーはジンとウォッカ、リレブラン (アペリティフワイン) をシェイクして作るカクテル。キナ ラエロ ドールは白ワインにキナの樹皮とオレンジピール、ニガヨモギ、スパイス類を浸けて造られるキナリキュールのこと。

フェア. ジュニパー ジン ソーダ
FAIR. Juniper Gin & Soda

レモンやカルダモン、ティムットペッパーを使用しているフェア. は、リフレッシュしたい時にソーダ割りで飲むのが最適。ソーダの泡と共に、スパイスと柑橘の香りが鼻に抜けていきます。ペリエは硬水なので、柔らかい甘味が出ます。

材料
フェア. ジュニパー ジン オーガニック	40ml
レモンジュース	5ml
ソーダ（ペリエ）	80ml

ガーニッシュ
レモンピール	1片

作り方
❶ タンブラーに氷とフェア. ジュニパー ジン、レモンジュースを入れてステアし、しっかりと冷やす。

❷ ソーダを氷にあてないように注ぐ。

❸ バースプーンで氷を2回ほど持ち上げて、混ぜる。

❹ レモンピールをかけて、飾る。

グリーン ティー パンチ
Green Tea Punch

沖縄県を中心に生息するショウガ科の植物「月桃」の葉を乾燥させて作る月桃茶は、スパイシーで優しい甘味があります。この月桃茶の青さとジンの柑橘フレーバーを繋ぎながら、ボリュームを与えてくれるのが洋なしシロップ。フェア. が持つシトラスとスパイスの味わいを綺麗に引き立てるカクテルです。

材料
フェア.ジュニパー ジン オーガニック ………… 35ml
月桃茶（サンニン茶）………………………… 45ml
洋なしシロップ（モナン）……………………… 3ml
グレープフルーツ ビターズ（スクラッピーズ）
2dashes

ガーニッシュ
グレープフルーツ スライス ………………… 1枚

作り方
❶ ビターズ以外の材料をステアして、氷を入れたロックグラスに注ぐ。
❷ ビターズを振りかけ、グレープフルーツ スライスを飾る。

フェア. ホワイトレディ
FAIR. White Lady

同じフェア.ブランドのジンとリキュールで作るホワイトレディ。金柑の実が原料のクムカット リキュールはコアントローよりも甘さ控えめで、さっぱりとしたフルーティさを感じられる一杯に仕上がります。

材料
フェア. ジュニパー ジン オーガニック	45ml
フェア. クムカット リキュール	20ml
レモンジュース	15ml

作り方
❶ 材料をシェイクして、冷やしたカクテルグラスに注ぐ。

グレープ オン マイ マインド
Grape on my mind

白ワインの成分を分解、再構築して創作したカクテルです。自分が好きなロワールのソーヴィニヨン・ブランをベースに、青み、フルーティ、ミネラルを意識しました。フェア. のティムットペッパーがアクセントになっています。清澄化したオレンジジュースは保存期間が延び、ステアするカクテルに用いることができます。

材料

フェア. ジュニパー ジン オーガニック	20ml
クラリファイド オレンジジュース※1	40ml
ソーダ (ペリエ)	20ml
ベルガモット リキュール (イタリカス)	10ml
エルダーフラワー リキュール (サンジェルマン)	6ml
スーズ	6ml
アブサン (バタフライ)	2ml
ハニーシロップ※2	3ml
セロリビターズ (スクラッピーズ)	1drop
ペパーミントビターズ (ボブズ)	1drop
トリュフ塩水※3	1drop

※上記は1人分。必要量に応じて人数分を仕込んでおくカクテル。

作り方

❶ 材料を容器に入れて混ぜ、1日以上冷蔵庫で冷やす（味を馴染ませる）。

❷ クープグラスに小さな氷を入れ、❶を90ml注ぐ。

※1 [クラリファイド オレンジジュース]

材料：オレンジジュース 550ml ／レモンジュース 150ml ／寒天 1g

① オレンジジュースとレモンジュースを混ぜる。

② 混ぜたジュース100mlを鍋に入れ、火にかける。

③ 沸騰したら弱火にして寒天を加え、泡立て器で撹拌しながら溶かす。

④ 火を止めて、泡立て器で撹拌しながらゆっくりと残りのジュースを加える。

⑤ 保存容器に移し、冷蔵庫に入れて固まるまで冷やす。

⑥ 固まったら泡立て器などで崩して、コーヒーフィルターで濾す。

※2 [ハニーシロップ]

蜂蜜 2に対して、熱湯 1の割合で溶かし混ぜる。

※3 [トリュフ塩水]

トリュフソルト 1gに、水 10mlを加えて混ぜる。

ジン バジル フィズ
Gin Basil Fizz

シュラブを用いて、すっきりとした
フィズスタイルに。ビネガーにハー
ブやフルーツ、砂糖を加えて成分
を抽出したシュラブは活用の幅が
広く、ソーダ割りでモクテルにもでき
ます。フェア. はレモンやペッパーの
ボタニカルが含まれていて、バジル、
きゅうり、リンゴそれぞれと相性が
良いです。

材料
フェア.ジュニパー ジン オーガニック	30ml
バジルシュラブ※	15ml
カットライム	1/8個
ソーダ（ペリエ）	80ml
カルダモンビターズ（ボブズ）	3drops

作り方
❶ タンブラーに氷とフェア.ジュニパー ジン、バジル
　シュラブを入れて、ステアする。

❷ ライムを搾り、ソーダを氷にあてないように注ぐ。

❸ バースプーンで氷を2回ほど持ち上げて、混ぜる。

❹ ビターズを垂らし、❷で搾ったライムを飾る。

※ [バジルシュラブ]
材料：リンゴ酢 200ml ／きゅうり 400g ／バジル
40g ／グラニュー糖 200g

① リンゴ酢にきゅうり、バジル、グラニュー糖を加えてひ
　と晩置き、フィルターで濾して冷蔵保存する。

Bar TRIAD

Bartender
馬上　千寛

バーテンダーとして勤める兄の影響で、バー
の世界に入る。新宿や銀座のオーセンティッ
クバーで研鑽を積んだ後、2015年に株式
会社スモールアックスへ入社。現在、「Bar
TRIAD」でマネージャー兼チーフバーテン
ダーを務める。国内カクテルコンペでの上位
入賞、海外におけるゲストバーテンディングの
経験を活かし、カクテルセミナーの講師やドリ
ンク開発、後進バーテンダーの育成を行う。

BAR info

Bar TRIAD 東京都渋谷区恵比寿西1-4-1 ウチノビル4F　03-6416-4177

Gin Cocktails XII

THE BAR
Kentaro Wada

ボビーズ ジン BOBBY'S GIN

No.3 ロンドン ドライ ジン NO.3 LONDON DRY GIN

BOBBY'S GIN
ボビーズ ジン

アルコール度数：42%　容量：700ml
輸入元：有限会社スリーリバーズ

鮮烈なレモングラスのフレーバー

ジュニパーを使ったジンの発祥の地とされるオランダの町、スキーダムで生産される。1950年代にジャコバス・アルフォンス氏が自家生産していたオリジナルレシピを孫のセバスチャン氏が見つけ、2012年にハーマンヤンセン社へ依頼してレシピを再現。2014年、ジャコバス氏の愛称"ボビー"を冠して発売した。レモングラスのフレーバーが特徴的。

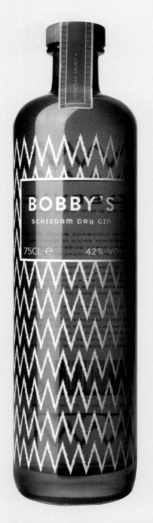

> **主なボタニカル**（ジュニパーベリー以外）

●レモングラス　●シナモン　●クローブ　●フェンネル
●コリアンダー　●ローズヒップ　●キュベブペッパー

Bartender's Impression

「蒸溜所を訪れた際に『どこよりも良い小麦を、どこよりも丁寧に蒸溜している』と仰っていたのが印象的でした。どんな割材でも楽しめるのは、ベーススピリッツが美味しいからではないでしょうか。セイボリー系の材料と相性が良く、レモングラスの奥に隠れていたキュベブペッパーを感じることができます。また、ガスパチョに加えるなどトマトとの組み合わせが個人的に気に入っていて、副材料で迷った時はマティーニならスイートベルモットといった赤系のものを選んでいます」　　（和田さん）

ボビーズ ジン
アンド トニック
Bobby's Gin and Tonic

まだ明るい夕方、お客さまからの
「リフレッシングかつ、ちょっと面白
いものを」というリクエストに自信を
もってお出しできる一杯。黄色い
kizashiトニックウォーターで味覚だ
けでなく、視覚的にも楽しんで頂き
ます。さらに、オレンジピールの香り
でリラックス効果を。

材料

ボビーズ ジン	45ml
トニックウォーター (kizashi)	75ml

ガーニッシュ

オレンジスライス	2枚
オレンジピール	1片

作り方

❶ シャルドネグラスに氷と材料を入れて、軽く混ぜる。

❷ オレンジスライスを飾り、オレンジピールをかける。

ボビーズ コリンズ
Bobby's Collins

ボビーズのコンペティション、トムコリンズ部門において即興で創った作品をバーのオペレーション用に完成させたものです。ボビーズのコンセプト "西洋と東洋の融合" をテーマに金柑を合わせ、ボビーズの特徴であるレモングラスの香りと相性の良い大葉を選びました。

材料

ボビーズ ジン	40ml
ボビーズ コリンズ ウォッシュド ミルク※	45ml
トニックウォーター (フィーバーツリー)	35ml

ガーニッシュ

大葉	1枚
シナモンスティック	1本

作り方

❶ ボビーズとボビーズ コリンズ ウォッシュド ミルクをシェイクして、氷を入れたタンブラーに注ぐ。

❷ トニックウォーターを加えて、軽く混ぜる。

❸ ガーニッシュを飾る。

※ [ボビーズ コリンズ ウォッシュド ミルク]
材料:Ⓐ牛乳 500ml ／Ⓐビターチョコレート (牛乳に溶かす) 20g ／Ⓐ金柑 6個／Ⓐ大葉 10枚／Ⓐグラニュー糖 70g ／Ⓐボビーズ ジン 50ml ／レモンジュース 100ml ／クエン酸 3g

① Ⓐをブレンダーで充分に撹拌する。

② レモンジュースとクエン酸を加えて、ゆっくりとスプーンでかき混ぜる。

③ 冷蔵庫に移して12時間ほど置き、コーヒーフィルターで漉して冷凍保存する。

ロッテルダム
Rotterdam

オランダ・アムステルダムでボビーズ
ジンを使ったカクテルのゲストシフト
が終わった後、とてもお世話になっ
たバーテンダーさんに作って頂い
た一杯です。さまざまな強い風味を
加えていたのが印象的で、そのほ
うがボビーズ ジンの味わいが引き
立つことに気づかされました。

材料

ボビーズ ジン	40ml
パイナップルジュース	40ml
レモンジュース	1tsp
シンプルシロップ	1tsp
バニラビターズ（ボブズ）	2dashes
カルダモン	1tsp
抹茶パウダー	1tsp

ガーニッシュ

抹茶パウダー	適量
ドライパイナップル スライス	1枚

作り方

❶ 材料をブレンダーで撹拌して、ティーストレーナーで
濾しながらシェーカーに入れる。

❷ シェイクして、カクテルグラスに注ぐ。

❸ ガーニッシュを飾る。

マースダム
Maasdam

幼少期にアニメで見かけたチーズがオランダ
の免税店で販売されていて嬉しくなり、必要
以上に購入してしまいました。帰国後、折角
なのでボビーズと合わせて何か作ろうと考案。
ファーメンティド ミックスはシャンパンで割ったり、
コスモポリタン（※）に使うクランベリーの代わり
に入れても美味しいです。

※コスモポリタン
　ウォッカ、コアントロー、ライムジュース、クランベリー
　ジュースをシェイクして作るカクテル。

材料
ボビーズ ジン ……………………………… 40ml
ファーメンティド ミックス※ …………………… 50ml

ガーニッシュ
枝付きレーズン ……………………………… 1枝

作り方
❶ 材料をステアし、ワイングラスに注ぐ。
❷ 枝付きレーズンを飾る。

※[ファーメンティド ミックス]
材料Ⓐ：ブラックベリー 400g ／ミネラルウォーター
800ml ／グラニュー糖 500g ／オーガニックイースト
1tbsp ／ホエイプロテイン 4tbsp

① ブラックベリー、ミネラルウォーター、グラニュー糖を
　火にかけ、中〜弱火で30分ほど加熱する。
② 粗熱を取ってブラックベリーを取り除き、瓶に移す。
③ オーガニックイースト、ホエイプロテインを加えて常温
　（暗冷）で3日間保存し、発酵が終わるのを待つ。

材料Ⓑ：ラズベリー 150g ／ドライレーズン 50g ／パ
イナップル 1個（芯も含む。皮は取り除く）／ライム 2個
（皮と芯を含む）／ブラックペッパー 1tsp ／カルダモ
ン 2tsp ／熱湯 200ml ／アガー 25g

① ラズベリー、ドライレーズン、パイナップル、ライム、ブ
　ラックペッパー、カルダモンをブレンダーで充分に攪
　拌する。
② 熱湯にアガーを溶かしたものを加えて混ぜ、冷蔵庫に
　12時間ほど置いた後、コーヒーフィルターで濾す。

仕上げ：材料Ⓐを2に対し、材料Ⓑを3の割合で混ぜ合
わせて冷蔵保存する（余剰分は冷凍する）。

アンフォゲット・アンボン
Unforgett-Ambon

2017年に開催された「ボビーズジン カクテル
コンペティション」の優勝作品です。ボビーズジン
の創始者、デイヴィッド＆セバスチャン兄弟と
祖父ボビーさんの思い出を表現しようと、オラン
ダの伝統的な「エルテン（エンドウ豆）スープ」
にヒントを得て創作しました。

材料
ボビーズ ジン ……………………………… 30ml
UFAミックス※ ……………………………… 80ml
グレープシードオイル …………………… 2dashes

ガーニッシュ
オレンジピール（クローブ4本を挿したもの）…… 1片

作り方
❶ ボビーズ ジンとUFAミックスをシェイクして、カクテ
ルグラスに注ぐ。
❷ グレープシードオイルを垂らし、オレンジピールを飾
る。

※[UFAミックス]
材料：Ⓐトマトジュース（無塩）800ml ／Ⓐえんどう豆
ピュレ（★1）400m ／Ⓐジャワティーシロップ（★2）
200ml ／Ⓐレモンジュース 200ml ／熱湯 150ml ／
アガー 10g

① 熱湯にアガーを入れて溶かす。
② Ⓐをブレンダーで充分に撹拌し、①に加えて混ぜる。
③ 冷蔵庫に12時間ほど置いた後、コーヒーフィルター
で濾す。

★1 [えんどう豆ピュレ]：えんどう豆 1kg、ボビーズ ジ
ン 400ml、水 200mlを鍋に入れて強火にかけ、沸
騰し始めたら中火で30分ほど煮込む。火を止めて常
温になるまで置いておく。ブレンダーにかけ、真空パッ
クに移して冷凍保存する。

★2 [ジャワティーシロップ]：ジャワティー（濃いめ）
800mlを鍋に入れて沸騰させ、500mlになるまで煮
る。同量のグラニュー糖を加えて混ぜ、冷蔵保存する。

No.3
LONDON DRY
GIN
No.3 ロンドン ドライ ジン

アルコール度数:46%　容量:700ml
輸入元:ジャパンサイト株式会社

ロンドンドライジンの本質を表現

ロンドン最古のワイン商、BB&Rが造るロンドンド
ライジン。世界的なジンの権威であるディビッド・ク
ラットン博士によって生み出され、ボタニカルには
3種のフルーツと3種のスパイスのみを使用してい
る。ブランド名は、BB&R社のオフィスがある"セン
ト・ジェームス・ストリート3番地"から。数々の賓客
をもてなしてきたショップ内の応接室の鍵が、モ
チーフとしてボトル正面に付けられている。

主なボタニカル（ジュニパーベリー以外）
- オレンジピール　● グレープフルーツピール
- アンジェリカルート　● コリアンダーシード
- カルダモンポッズ

**Bartender's
Impression**

「これぞロンドンドライジンという風味で、クラッシック ドライ マティーニに
最も合うジンとして造られたNo.3。トニック割りならライム、キュウリのスラ
イス、アンゴスチュラビターズのほか、檜ビターズとの相性が抜群です。
No.3と水出しの玉露を1:2～3の割合で混ぜても美味しいですね。水
割りにする場合は、硬度が少し高めのミネラルウォーターを選ぶと良いで
しょう」
（和田さん）

ザ ベスト ジン バック エヴァー！
The Best Gin Buck EVER!

No.3ジンに檜の香りを練わせると、魔法がかかったようにより美味しくなります。私もレシピ開発に携わったジンジャーエールは、根、木、花、葉、実と複雑味のある華やかな風味。ひと口目はそのままで、ふた口目に檜ビターズを追加して楽しむのもお勧めです。

材料

No.3 ロンドン ドライ ジン	35ml
ジンジャーエール（ザ・リッツ・カールトン ジンジャーエール）	80ml
檜ビターズ（ザ ジャパニーズ ビターズ）	3dashes

作り方

❶ 氷を入れたタンブラーにNo.3 ロンドン ドライ ジンとジンジャーエールを注ぎ、軽く混ぜる。

❷ 檜ビターズを氷の上にフロートする。

サケティーニ
Saketini

お正月にご来店頂いたゲストから「今日にぴったりのサケティーニを」とリクエストされ、お出しした一杯です。縁起が良い枡から着想を得、檜の香りをグラスに付けました。スパークリングの日本酒を用いることにより、とても香りが立つサケティーニに仕上がっています。

材料

No.3 ロンドン ドライ ジン ……………………… 50ml
スパークリング日本酒 (一ノ蔵 発泡清酒 すず音)
…………………………………………………… 40ml
檜ビターズ (ザ ジャパニーズ ビターズ) …… 3dashes

作り方

❶ 檜ビターズ 2dashesをグラスの内側に、1dashを
  グラスの外側に垂らす。

❷ グラスを回しながら全体にビターズを付けて、余った
  ビターズを振り落とす。

❸ No.3とスパークリング日本酒をステアし、❷へ注ぐ。

ファー イースト ネグローニ
Far East Negroni

当店でオンメニューしている、七味を使った「なないろネグローニ」のホワイトバージョンです。海外からのゲストが多いので、日本らしい風味をわかりやすく伝えるため七味に柚子胡椒を合わせました。ピリッとした風味がアクセントになっています。

材料
No.3 ロンドン ドライ ジン ……………… 35ml
シェリー（ティオペペ／七味フレーバード）※1 …… 30ml
柚子胡椒リキュール
（ザ・ジャパニーズ リキュール ゆずこしょう）……… 25ml

ガーニッシュ
七味（オリジナルブレンド）※2 ………… 適量
オレンジスライス ………………………… 1枚

作り方
❶ 七味でロックグラスをハーフリムし、氷を入れる。
❷ 材料をスローイングして、❶に注ぐ。
❸ オレンジスライスを飾る。

※1 [シェリー（ティオペペ／七味フレーバード）]
材料：七味（オリジナルブレンド）大さじ3／ティオペペ
100ml
①材料をブレンダーにかけ、冷蔵庫に入れる。
②24時間後、コーヒーフィルターで漉す。

※2 [七味（オリジナルブレンド）]
「やげん堀 七味唐辛子本舗」による、ザ・リッツ・カールトン東京オリジナルブレンド。唐辛子を微量に、陳皮を通常の3倍量に仕上げている。

ムラサキ
Murasaki

バーウェアでも知られるAspreyのコーポレートカラー、紫色をテーマにした作品です。かつて英国と日本では、高貴な人たちのみに与えられた色だったことをカクテルのテイストに用いました。ムラサキ ミックスは、トニック割りにしても綺麗な色で美味しいです。

材料

No.3 ロンドン ドライ ジン（ムラサキ ミックス）※	40ml
バイオレットシロップ（1883 メゾンルータン）	20ml
ベルガモットピュレ（ポワロン）	20ml
卵白パウダー	1tsp
ソーダ	10ml

ガーニッシュ

トレニア	3枚
花穂	2本

作り方

❶ ソーダ以外の材料をブレンダーで撹拌する。

❷ シェイクしてカクテルグラスに注ぎ、ソーダを加えて軽く混ぜる。

❸ ガーニッシュを飾る。

※［ No.3 ロンドン ドライ ジン（ムラサキ ミックス）］
材料：No.3 ロンドン ドライ ジン 1本／バイオレットシロップ（1883 メゾンルータン）2tsp／紫蘇 2tsp／バニラビーンズ 1本／オレンジピール 1個分

① 材料を鍋に入れて弱火で加熱し、沸騰する前に火を止める。

② 24時間経ったら漉し、バタフライピーパウダー（1tsp）で色付けする。

③ コーヒーフィルターで漉す。

ザ・リッツ・カールトン東京 マティーニ
The Ritz-Carlton, Tokyo Martini

弊社のコンセプト "East Meets West (西洋と東洋の融合)" を基に創作したシグネチャーマティーニ。江戸時代に唯一、日本と接点があったオランダのジン2種類をベースに選びました。日本の桜とイタリアのスミレをブレンドしたベルモット、柚子と紫蘇、味醂にそれぞれ浸け込んだ和風オリーブと共にお楽しみください。

材料

No.3 ロンドン ドライ ジン	45ml
ボビーズ ジン	25ml
マンチーノ ヴェルモット サクラ	15ml
最上白味醂	5ml
紫蘇ビターズ (ザ ジャパニーズ ビターズ)	2dashes
柚子ビターズ (ザ ジャパニーズ ビターズ)	1dash

ガーニッシュ

オリーブ	3個
熊笹	1枚
レモンピール	1片

作り方

❶ 材料をステアして、酒筒に入れる。

❷ 冷やしたカクテルグラスに注ぎ、オリーブと熊笹を飾る。

❸ レモンピールをかける。

THE BAR

Bartender

和田　健太郎

大阪・心斎橋でバーテンダーとしてのキャリ
アをスタート。2009年よりニュージーランド・
ダニーデンでバーマネージャーとして勤務し、
2012年にザ・リッツ・カールトン東京へ入社す
る。「ボビーズジン カクテル コンペティション
2017」「ザ・シーバス マスターズ 2018」の日
本大会など、数々のコンクールで優勝。見た目
も華やかに仕上げるカクテルで、世界各国か
ら集まるゲストを魅了している。

BAR info

THE BAR 東京都港区赤坂9-7-1 東京ミッドタウン ザ・リッツ・カールトン東京 45F　03-6434-8711（レストラン予約）

バーテンダーがつくるジン Ⅳ

STILLDAM ING ✕ 江刺 幸治氏

ジントニックと
ネグローニ専用のジン

DATA

主なボタニカル（ジュニパーベリー以外）

STILLDAM ING 1st dot
- カルダモン（インド産）
- コリアンダーシード（トルコ産）
- シナモン（中国産）
- リコリス（中国産）
- クローブ（マダガスカル産） ほか 計10種類

STILLDAM ING 2nd dot
- コーヒー（コロンビア産）
- コリアンダーシード（トルコ産）
- シナモン（中国産）
- アンゼリカ（ポーランド産）
- リコリス（中国産） ほか 計10種類

ベーススピリッツ
- サトウキビ（糖蜜）由来のニュートラルスピリッツ

蒸溜器／蒸溜機
- ハイブリッドスチル
  （オランダのアイスティル社製／100L）

再蒸溜法
- 浸漬法
  （すべてのボタニカルを一度に浸漬して蒸溜する）

アルコール度数:45%　容量:700ml　（1st／2nd 共に）　蒸溜所:**楠乃花蒸溜所**（佐賀県佐賀市）

253

店名に「スピリッツバー」と付くように、ジン、ウォッカ、ラム、テキーラ、ウイスキーとスピリッツが並ぶバックバーを背に立つ江刺幸治さんが開発したのは、カクテルにすることを前提にしたジンでした。ジンの特徴に合わせてカクテルを作るのではなく、カクテルに合わせたジンを造るという発想。第1弾はジントニック、第2弾がネグローニ専用のジンです。

●

「2020年からのコロナ禍で緊急事態宣言が出され、営業がままならない時に何か自分にできることはないかと模索しました。そんな中、知り合いのバーテンダーに紹介された佐賀県・楠乃花蒸溜所の和田真司さんと出会ったことがオリジナルジンを造るきっかけです。バーテンダーの私が企画するのであれば、カクテル専用のジンにしようと考えました。ご自宅でも手軽に美味しいカクテルを楽しめるジンです」　　　　　　　　　　　（江刺さん）

●

カルダモンをジンにインフュージョンさせてトニックで割ったり、コーヒービターズをネグローニに加えたりしていた江刺さんの経験をもとに、第1弾と第2弾それぞれのメインボタニカルが決まりました。そして、それらと相性の良い素材やジンを構成するために必要なボタニカルを和田さんが選び、試行錯誤を経て完成。楠乃花蒸溜所がリリースしている「スティルダムジン」は純米焼酎をベーススピリッツにしていますが、カクテル専用のジンは副材料と混ぜることが前提のためニュートラルスピリッツを採用し、ジュニパーベリーとメインボタニカルを同量の配合にして個性を出しやすくしています。

●

「"進化し続ける"という思いを込めて、GINのアナグラムである"ING"と名付けました。この配合ですからかなり力強いジンですし、カクテル専用なのでストレートで召し上がるのはお勧めしていません。ジントニック、ネグローニ以外で楽しむなら第1弾は水割り、第2弾はトニック割りでしょうか。いま第3弾の企画進行中ですが、今後も種類を増やしていけたらいいですね」　　　　　（江刺さん）

お勧めカクテル①
ジントニック

メインボタニカルのカルダモン
は清涼感が強い一方、余韻が
とても苦いので少し甘味のあ
るトニックウォーターが好相性。
ジュニパーベリーと同じ量のカ
ルダモンを使っているため、ト
ニックウォーターで伸ばしても
香りがしっかりと立ちます。

RECIPE	材料		作り方

材料

STILLDAM ING 1st dot ············· 30ml

トニックウォーター

（フィーバーツリー）················· 90ml

カットライム（ガーニッシュ）·············· 1/6個

作り方

❶ ライムをタンブラーに搾り入れる。

❷ ❶に氷と材料を加えて、軽く混ぜる。

お勧めカクテル②
ネグローニ

1st dotは香りでしたが、2nd dot
は余韻に注力しました。ひと口目に
スモーク系のボタニカルとスイートベ
ルモットからのボリュームが感じられ、
後半にカンパリの苦味とコーヒーの
香ばしさが出てきて余韻が長く続き
ます。ストレートで飲むより、ネグロー
ニにしたほうがコーヒーを感じます。

材料

STILLDAM ING 2nd dot ············· 30ml

スイートベルモット

（カルパノ アンティカ フォーミュラ）······ 15ml

カンパリ ································ 15ml

オレンジピール（ガーニッシュ）············· 1片

作り方

❶ 氷を入れたロックグラスに材料を入れて、
ステアする。

❷ オレンジピールをかけて、入れる。

STILLDAM ING ✕ 江刺 幸治氏

Koji Esashi

江刺 幸治

19歳から飲食業界に入り、テキーラやラムに特化したバーなどで勤務する。その経験を活かし、2011年にスピリッツをコンセプトとしたバー「SPIRITS BAR Sunface」をオープン。各種セミナー講師やスピリッツブランドの立ち上げなどを行い、日本のスピリッツ業界発展のために尽力している。ホセ・クエルボ社主催「ホセ・クエルボ ドンズ・オブ・テキーラ2015」世界大会の総合優勝など、受賞歴多数。

BAR info

SPIRITS BAR Sunface SHINJUKU
東京都新宿区西新宿1-13-7 大和家ビル10F
03-6302-0809

名匠がつくる、
スタンダードジンカクテル I

城.
Hirokazu Sato

ジンリッキー
Gin Rickey

COCKTAIL RECIPE

材料

ジン（タンカレー ラングプール／冷凍）	45ml
ソーダ（ウィルキンソン タンサン）	110ml
カットライム	1/4個

作り方

❶ ライムのヘタ側とその逆側を指で挟んで縦に搾り、果汁を取る。

❷ 口の広がったタンブラーに、ジンと❶の果汁を1tsp加える（混ぜない）。

❸ クラックドアイスを8分目まで入れ、ソーダ（100ml）を注いで混ぜる。

❹ ❶で搾った後のライムをグラスと氷の間に差し込む。

❺ ソーダ（10ml）をフロートする。

[ジンリッキーのスタンダードレシピ]

材料： ジン 45ml ／ライム 1/2個／ソーダ 適量

① タンブラーにライムを搾り入れ、氷を加えてジンを注ぐ。

② ソーダで満たして、軽くステアする。

BARTENDER'S COMMENT

私が考える美味しいジンリッキーは、炭酸の強さとジンの存在感が同等ながらもジンの濃厚さはなく、ジンの清涼感と甘味にライムの爽快感が乗った目が覚めるほど爽やかな一杯です。この味を作り出せるのが、ラングプール。ライムは勢いよく一度だけ縦搾りすると渋みやえぐ味が出ず、爽快感のある果汁だけが取れます。❷で混ぜないのは、ライムのテイストに引っ張られてジンの甘味が弱くなるから。ジンとソーダの割合が少しブレただけでも味わいや印象が変わる繊細なカクテルなので、ソーダも正確に計量します。

コープス リバイバー No.2
Corpse Reviver No.2

COCKTAIL RECIPE

材料

ジン（オリジナルブレンド ジン／冷蔵）※1	15ml
ベルガモット リキュール（奥飛騨）	1tsp
Ⓐリレブラン	15ml
Ⓐトリプルセック（マリーフランソワーズ）	10ml
Ⓐコアントロー（オールドボトル／'90年代以前、味に癖が出ているもの）	5ml
Ⓐレモンジュース（搾り置き）	15ml
Ⓐアブサン（マリエンホーフ）	4dashes
粉糖	2tsp
ピュアシロップ※2	1/2tsp

作り方

❶ ベルガモットリキュールをカクテルグラスに入れる。

❷ Ⓐをシェーカーに入れて、粉糖とピュアシロップで味を整える（粉糖で甘味を足し、シロップで厚みを出す）。

❸ ジンを加えて混ぜ、味を確認する。

❹ シェイクして、❶に注ぐ。

※1 [オリジナルブレンド ジン]
材料：ゴードン（47.3%）245ml ／タンカレー ナンバーテン 200ml ／ No.3 ロンドンドライジン 75ml ／モンキー 47 30ml ／スーズ 1tsp

① 材料を容器に入れて混ぜ、冷蔵保存する。

※2 [ピュアシロップ]
材料：上白糖 320g ／ソーダ（ウィルキンソン タンサン）140ml ／塩 1/2つまみ

① 材料を鍋に入れて火にかけ、上白糖を溶かす（焦げないように、煮詰めない）。
② 粗熱を取って容器に移し、常温で保存する。

[コープス リバイバー No.2の スタンダードレシピ]
材料：ジン、コアントロー、キナリレ、レモンジュース 各15ml ／アブサン 1dash

① 材料をシェイクして、カクテルグラスに注ぐ。

BARTENDER'S COMMENT

'70年代以前のゴードンをイメージして、オリジナルブレンド ジンを仕込んでいます。厚み・重さはゴードン、フルーティさはタンカレー、清涼感はNo.3、ハーバル・フローラル感はモンキー、ゴードンのオールドボトルに微かに感じるゲンチアナのニュアンスはスーズから。ほかの材料と合わせてシェイクした後は、ベルガモットリキュールを入れたカクテルグラスに氷片ごと注いで柑橘の爽やかさを際立たせます。グラスに沈んだベルガモットリキュールは最後に混ぜず、自然に任せて。

トムコリンズ
Tom Collins

COCKTAIL RECIPE

材料

Ⓐジン（オリジナルブレンド ジン／冷蔵）※1	40ml
Ⓐレモンジュース（搾りたて）	20ml
Ⓐピュアシロップ※2	4tsp
ソーダ（ウィルキンソン タンサン）	50ml
ローズリキュール（マリエンホーフ ローゼン リケール）	1tsp

ガーニッシュ

レモンピール	1片
グリオッティン チェリー	1個

作り方

❶ Ⓐをワイングラスでプレミックスする。

❷ やや口の開いたタンブラー、またはチューリップ型シャンパングラスにクラックドアイスを8分目まで入れる。

❸ ❶を❷へ移し、ソーダを注ぐ。

❹ ローズリキュールを加えて混ぜ、レモンピールをかける。

❺ グリオッティン チェリーをグラスの端に浮かべる。

※1 [オリジナルブレンド ジン]

材料：ゴードン（47.3%）245ml ／タンカレー ナンバーテン 200ml ／ No.3 ロンドンドライジン 75ml ／モンキー 47 30ml ／スーズ 1tsp

① 材料を容器に入れて混ぜ、冷蔵保存する。

※2 [ピュアシロップ]

材料：上白糖 320g ／ソーダ（ウィルキンソン タンサン）140ml ／塩 1/2つまみ

① 材料を鍋に入れて火にかけ、上白糖を溶かす（焦げないように、煮詰めない）。

② 粗熱を取って容器に移し、常温で保存する。

[トムコリンズのスタンダードレシピ]

材料：オールドトムジン 45ml ／レモンジュース 20ml ／シンプルシロップ 2tsp ／ソーダ 適量

ガーニッシュ：スライスレモン 1枚／マラスキーノチェリー 1個

① 氷を入れたコリンズグラスにソーダ以外の材料を注ぎ、ステアする。

② ソーダで満たして、軽くステアする。

③ ガーニッシュを飾る。

BARTENDER'S COMMENT

オリジナルブレンド ジンにローズリキュールを少量加えて、'60年代以前の「ゴードン オールドトムジン」の味わいに近づけました。個人的な印象ですが、当時のボトルには薔薇のフレーバーが感じ取れるように思います。そのニュアンスを最大限に強調するため、仕上げに加えました。また、搾りたてのレモン果汁で全体の味を引き締め、爽快感を強めています。搾り置きのレモンより、その効果は大きいです。

ジン バジル スマッシュ
Gin Basil Smash

COCKTAIL RECIPE

材料

ジン（ニッカ カフェジン／冷凍）	50ml
バジル	1房
ラフロイグ	4dashes
ピュアシロップ※	2tsp
Ⓐレモンジュース（搾りたて）	20ml
Ⓐ粉糖	4tsp
Ⓐピュアシロップ※	1/3tsp

作り方

❶ バジル1房から葉を3枚ほど取っておく。残りのバジルを茎ごとタンブラーに入れる。

❷ ❶のタンブラーにラフロイグとピュアシロップを加えて、ペストルでしっかり潰す。

❸ 少量のクラッシュドアイスを入れ、丸氷を加える（クラッシュドアイスが動かないように丸氷で押さえてフタをする）。

❹ シェーカーにⒶを入れて混ぜ、味を整える。

❺ ❶のバジルの葉3枚を❹に加えて、ペストルでしっかり潰す。

❻ ジンを加えて味を確認し、シェイクする。

❼ ❸の丸氷の頂点中央部に向かって、氷片を漉しながら注ぐ（底に沈めてある即席バジルシロップと混ざらないよう、グラスの縁からは注がない）。

※ [ピュアシロップ]

材料：上白糖 320g／ソーダ（ウィルキンソン タンサン）140ml／塩 1/2つまみ

① 材料を鍋に入れて火にかけ、上白糖を溶かす（焦げないように、煮詰めない）。

② 粗熱を取って容器に移し、常温で保存する。

[ジン バジル スマッシュの
スタンダードレシピ]

材料：ジン 60ml／バジル 2〜3枝／レモンジュース 25ml／シンプルシロップ 20ml

ガーニッシュ：バジル 1枝

① 材料を充分にシェイクして、グラスにダブルストレイン。

② バジルを飾る。

BARTENDER'S COMMENT

元来のレシピから、このカクテルはバジルのハーバル感とジンの清涼感のマリアージュに魅力があると考えられます。そのことから、鮮烈な山椒のテイストがあるカフェジンをバジルにぶつけて全体の味わいを二重・三重に膨らませ、バジルの野性味が引き立つようラフロイグを加えました。また、丸氷でクラッシュドアイスを押さえるのは飲用時に余分な加水を生まないため、即席バジルシロップを沈めるのは最後のひと口に鮮烈なバジルリキュールのような味わいを感じて頂くためです。

ビーズニーズ
Bee's Knees

COCKTAIL RECIPE

材料

ジン（モンキー47）	42ml
レモンジュース（搾り置き）	18ml
蜂蜜（レザーウッド）	10g

作り方

❶ 材料をシェーカーに入れて、木のスプーンで蜂蜜をしっかり溶かす。

❷ シェイクして、グラスにダブルストレイン。

［ ビーズニーズのスタンダードレシピ ］

材料：ジン 48ml ／レモンジュース 12ml ／蜂蜜 1tsp

① 材料をシェイクして、カクテルグラスに注ぐ。

BARTENDER'S COMMENT

モンキー47が持つ濃厚なオリエンタルさとハーバルさが、スパイシーで個性的な蜂蜜を引き立てる組み合わせ。お互いの風味を補完しながら強調した、艶っぽいビーズニーズです。その味わいから上品ながらも妖艶さを醸し出すシルエットを思い浮かべ、金彩のある流麗なグラスを選びました。氷片を濾してまろやかに仕上げましたが、真夏の日照りが厳しい日でしたら濾さずにお出しすると思います。

パリジャン
Parisian

COCKTAIL RECIPE

材料

ジン（タンカレー ラングプール／冷凍） ……………………… 30ml

ドライベルモット（ノイリープラット） ……………………… 15ml

カシスリキュール
（ギルマール カシス プレステージ ド ブルゴーニュ） ……… 10ml

リレブラン 5ml

コニャック ………………………………………………………… 少量

作り方

❶ コニャック以外の材料をワイングラスでプレミックスする。

❷ ミキシンググラスにブロックアイスを1個入れ、コニャックで
リンスする。

❸ ❶を❷へ移し、氷と液体が馴染むまでステアする。

❹ カクテルグラスへ注ぐ。

[パリジャンのスタンダードレシピ]

材料：ジン、ドライベルモット、クレーム
ド カシス 各20ml

① 材料をシェイク（またはステア）して、
カクテルグラスに注ぐ。

BARTENDER'S COMMENT

気品があり、凛としつつも甘美な艶めかしさを湛えているようなパリジャン。そんな一杯になるよう、深みとコクのあるコニャックをリンスして華やかさと芳醇さを与えました。コニャックはカラメル添加されたナポレオンクラス以上のものを使用すると、その影響が強くなります。濃厚さが支配的になってしまいがちなカシスは控えめにして、代わりに爽やかな甘みを持つリレブランをドライベルモットの一部として加えています。

ジンライム
Gin & Lime

COCKTAIL RECIPE

材料

ジン（タンカレー ナンバーテン／冷凍）	45ml
ライムジュース（搾り置き）	15ml
コーディアル ライムジュース	1tsp
ピュアシロップ※	1/5tsp
トニックウォーター	少量

ガーニッシュ

カットライム（搾汁後のもの）	1/8個

作り方

❶ トニックウォーター以外の材料をワイングラスでプレミックスする。

❷ ミキシンググラスにクラックドアイスを入れ、トニックウォーターでリンスする。

❸ ❶を❷へ移し、氷と液体が馴染むまでステアする。

❹ 重く金彩のないクリスタルのロックグラスにクラックドアイスを入れ、❸を注ぐ。

❺ グラスと氷の間にライムを差し込む。

※［ ピュアシロップ ］

材料：上白糖 320g／ソーダ（ウィルキンソン タンサン）140ml／塩 1/2つまみ

① 材料を鍋に入れて火にかけ、上白糖を溶かす（焦げないように、煮詰めない）。

② 粗熱を取って容器に移し、常温で保存する。

［ ジンライムのスタンダードレシピ ］

材料：ジン 45ml／ライムジュース 15ml

① 氷を入れたロックグラスに材料を注いで、ステアする。

BARTENDER'S COMMENT

ギムレットと同じ材料でありながら "ジンライム" という別の名が付けられた背景を想像し、ジンとライムそれぞれの香味と存在感が引き立つように作りました。その苦味で深みを与えつつ、微かに残る甘味でジンライムの張り詰めた味わいを和らげるため、トニックウォーターでリンスしています。極めてシャープかつドライなカクテルで、ゴツゴツと不均一に集まった氷の間を漂っていてほしいという思いから丸氷は使用しません。氷と氷がぶつかり合う、カランと乾いた音も相応しいのではないでしょうか。

アラスカ
Alaska

COCKTAIL RECIPE

材料

Ⓐ ジン（タンカレー ナンバーテン／冷凍） ……………… 45ml

Ⓐ シャルトリューズ リキュール デ エリキシル 1605

………………………………………………… 15ml

Ⓐ ピュアシロップ※ ……………………………………… 1/4tsp

シャルトリューズ エリキシール ヴェジェタル ………

……………………………………………… 3dashes

ライムピール ……………………………………………… 1片

作り方

❶ 脚長のクープ型カクテルグラスに、シャルトリューズ エリキシール ヴェジェタルを入れる。

❷ シェーカーにライムピールを搾り入れる。

❸ ❷にⒶを加えてシェイクし、❶へ注ぐ。

※[ピュアシロップ]

材料：上白糖 320g／ソーダ（ウィルキンソン タンサン）140ml／塩 1/2つまみ

① 材料を鍋に入れて火にかけ、上白糖を溶かす（焦げないように、煮詰めない）。

② 粗熱を取って容器に移し、常温で保存する。

[アラスカのスタンダードレシピ]

材料：ジン 45ml／シャルトリューズ（イエロー）15ml

① 材料をシェイク（またはステア）して、カクテルグラスに注ぐ。

BARTENDER'S COMMENT

アラスカというネーミングから張り詰めた冷涼な空気を帯びる光景を思い浮かべ、爽快なハーブを鮮明に感じるシャルトリューズ1605を選び、アクセントとしてエリキシール ヴェジェタルを加えました。アルコール度数の高いヴェジェタルに冷えたカクテルを注ぐと、比重の違いから表面へ向かってまだらに浮かび上がってきます。口に含んだ時、不均一な中からより鮮烈な味わいのものを第一印象として認識して頂けるよう、あえて最後に混ぜていません。

ブロンクス

Bronx

COCKTAIL RECIPE

材料

ジン（No.3 ロンドン ドライ ジン／冷蔵） ················· 20ml
ジン（タンカレー ラングプール／冷凍） 10ml
ドライベルモット（ノイリープラット／冷蔵） 10ml
スイートベルモット（カルパノ アンティカ フォーミュラ） ···· 10ml
オレンジジュース レデュクション※ 10ml
オレンジピール ················ 1片

ガーニッシュ
オレンジピール ················ 1片

作り方

❶ オレンジピール以外の材料をワイングラスでプレミックスする。

❷ ミキシンググラスにクラックドアイスを入れ、冷水でリンスする。

❸ 余分な水を切った後、オレンジピールを搾り入れる。

❹ ❶を❸へ移し、氷と液体が馴染むまでステアする。

❺ グラスに注ぎ、オレンジピールを搾りかける。

※ [オレンジジュース レデュクション]
鍋にオレンジジュース（適量）を入れて、弱火から中火で焦げつかないように攪拌しながら約2/3量になるまで煮詰める。鍋底に氷水を当てて急速に冷やし、70%以上のアルコールで殺菌したボトルに移して保存する。

[ブロンクスのスタンダードレシピ]
材料：ジン 30ml ／ドライベルモット 10ml ／スイートベルモット 10ml ／オレンジジュース 10ml

① 材料をシェイクして、カクテルグラスに注ぐ。

BARTENDER'S COMMENT

ブロンクスは、"パーフェクトマティーニ"にオレンジジュースを加えたレシピ。味の方向性をマティーニに寄せると味がぼやけてしまうため、オレンジジュースに寄せる意識で作っています。オレンジジュースを煮詰めるのは、ジンやベルモットと合わせる材料として味の濃度が足りないから。さらにオレンジピールを搾り入れ、その風味やオイル分をカクテルに馴染ませて厚みを出しました。シェイクするとテクスチャーが柔らかくなりすぎるので、当店ではステアです。

ギブソン
Gibson

COCKTAIL RECIPE

材料

ジン（ビーフィーター24／冷凍）	50ml
シェリー（ゴンザレス・ビアス エレガンテ フィノ）	5ml
ドライベルモット（ノイリープラット）	5ml
ジン（ニッカ カフェジン／冷凍）	1tsp

ガーニッシュ

パールオニオン	1個
ライムピール	1片

作り方

❶ ピューター製のワイングラスを冷凍庫で冷やしておく。

❷ 材料をワイングラスでプレミックスする。

❸ ミキシンググラスにクラックドアイスを入れ、トニックウォーターでリンスする。

❹ ❷を❸へ移し、氷と液体が馴染むまでステアする。

❺ ❶に注ぎ、パールオニオンを沈める。

❻ ライムピールを液面とグラス全体にかける。

[ギブソンのスタンダードレシピ]

材料：ジン 50ml ／ドライベルモット 10ml

ガーニッシュ：パールオニオン 1個

① 材料をステアして、カクテルグラスに注ぐ。

② パールオニオンを飾る。

③ 好みでレモンピールを搾りかける。

BARTENDER'S COMMENT

軽快さと清涼感の中にもジン特有の重みが適度に含まれているビーフィーター24をベースに、シャープな山椒味があるカフェジンを少量加えてキレを与えました。さらにフィノシェリーでベルモットの甘味を切り、金属製のグラスを使用することで淡麗なニュアンスを強調しています。比率とガーニッシュが異なるだけで、マティーニとほぼ同じレシピのギブソン。私の直感的なイメージですが、軟水（マティーニ）と硬水（ギブソン）のような違いがあると思っています。当店のマティーニは、材料、作り方、グラスすべてギブソンとは異なります。

城.

Bartender
佐藤　博和

東京都出身。実家が鮨屋だったことから、カウンター商売に興味を持つ。大学卒業後、町場のバーやホテルバー、珈琲専門店などで勤務。2012年、南青山で「bar cafca.」を開店。厳選された酒と独自のレシピ、幻想的な空間、希少なクリスタルグラス、それらに囲まれる非日常の時間を提供する。2020年の改装後、店名を「城.」に。特定の師はなく、同業者の仕事や立ち振る舞いを学ぶことが最たる礎となっている。

BAR info

城. 東京都港区南青山3-5-3　ブルーム南青山 B1F　03-3470-1446

名匠がつくる、スタンダードジンカクテル II

Bar d
Takeshi Tanabe

ルシアン
Russian

COCKTAIL RECIPE

材料

ジン（エギュベル）	20ml
ウォッカ（ストリチナヤ）	20ml
チョコレート（ヴァローナ フェーブ グアナラ）	4個
粉砂糖	1tsp
水	20ml
シナモンパウダー	1振り
パッションフルーツ ジュース	1tsp
唐辛子入りウォッカ※	1dash

ガーニッシュ

オレンジピール	1片

作り方

❶ チョコレートと粉砂糖、水を手鍋に入れ、火にかけて溶かす。

❷ 溶けたら火を止め、シナモンパウダーとパッションフルーツ
　ジュースを加えてシェーカーに移す。

❸ 氷を入れたミキシンググラスに❷を浸けて、冷やす。

❹ 冷えたらシェーカーを取り出し、ジン、ウォッカ、唐辛子入り
　ウォッカを加えてシェイクする。

❺ 茶こしで濾しながら、カクテルグラスに注ぐ。

❻ オレンジピールを搾りかける。

※ [唐辛子入りウォッカ]
ウォッカ（ストリチナヤ）1本（750ml）
に、乾燥赤唐辛子を7～8分目まで入れ
て3日間浸ける。

[ルシアンのスタンダードレシピ]
材料：ウォッカ 20ml ／ジン 20ml ／ク
レーム ド カカオ 20ml

① 材料をシェイクして、カクテルグラスに
　注ぐ。

BARTENDER'S COMMENT

本来は2つのスピリッツとカカオリキュールをシェイクして作る、お酒のみで構成されたやや強
めのカクテル。口当たりの良いデザートカクテルになるよう、幼少期に食べた外国のチョコレー
ト味の飴をイメージして作っています。リキュール全般に関して言えることですが、例えばカ
カオリキュールならカカオしか入っていないということはほぼありません。オレンジやバニラのフ
レーバーも感じます。その感覚で、シナモンやパッションフルーツを加えました。少量の唐辛子
入りウォッカが良いアクセントになっています。

青い珊瑚礁
Blue Coral Reef

COCKTAIL RECIPE

材料

ジン(タンカレー ナンバーテン／常温)	30ml
ジン(タンカレー ロンドン ドライジン／冷凍)	20ml
グリーン ミント リキュール(ペパーミント ジェット27)	10ml
レモンジュース	5dashes
ミントの葉	1枚

ガーニッシュ

グリオッティン チェリー	1個
レモンピール	1片

作り方

❶ 材料をミキシンググラスに入れて100回以上(氷無しで)ステアし、冷凍庫に入れておく。

❷ カクテルグラスの縁をカットレモン(分量外)で濡らし、チェリーを入れる。

❸ 冷凍庫から❶を取り出し、大きな氷を1つ加えてステアする。

❹ ❷に注ぎ、レモンピールを搾りかける。

[青い珊瑚礁のスタンダードレシピ]
材料：ジン 40ml ／グリーン ミント リキュール 20ml
ガーニッシュ：マラスキーノ チェリー 1個

① 材料をシェイクして、縁をレモンで濡らしたカクテルグラスに注ぐ。

② マラスキーノ チェリーを沈める。

BARTENDER'S COMMENT

1950年、「第2回オールジャパン・ドリンクス・コンクール」で優勝した名古屋の鹿野彦司さんの作品です。僕が考える「青い珊瑚礁」は、ミントのマティーニ。テイストとしてシャープさは欲しいですが、シャープな舌触りは必要ないので常温のジンを入れてジェット27の甘味と繋がるようにしています。冷凍のジンだけだとアルコールが尖ってしまい、常温だけだとシャープさが弱くなってしまうということですね。また、シェイクではなくステアで作るのがポイントで、味の輪郭がくっきりとします。

オレンジ ブロッサム
Orange Blossom

COCKTAIL RECIPE

材料
ジン（エギュベル） ················· 40ml
オレンジジュース（果汁200%に煮詰めたもの）※ ·········· 20ml

ガーニッシュ
オレンジピール ················· 1片

作り方
❶ 材料をシェイクして、茶こしで濾しながらカクテルグラスに
注ぐ。
❷ オレンジピールを搾りかける。

※ [オレンジジュース
　　　　（果汁200%に煮詰めたもの）]
オレンジジュースを鍋に入れて火にか
け、沸騰したら弱火～中火で半量になる
までゆっくり煮詰める。

[オレンジ ブロッサムの
　　　　　　スタンダードレシピ]
材料：ジン 40ml ／オレンジジュース
20ml

① 材料をシェイクして、カクテルグラスに
注ぐ。

BARTENDER'S COMMENT
東京・京橋の名パティスリー「イデミスギノ」（現在は閉店）がバレンタイン限定で販売してい
たオレンジ味のトリュフに出会ったことがきっかけで、オレンジジュースを煮詰めるレシピに辿り
着きました。オレンジの風味や酸味の輪郭がはっきりとしていて、どのようにしたらカクテルに落
とし込めるかを考えた結果です。オレンジの酸味が足りない場合は、レモンジュースをこっそ
り1tsp入れています。

ブロンクス テラス

Bronx Terrace

COCKTAIL RECIPE

材料

ジン（タンカレー ナンバーテン／常温）	30ml
ジン（タンカレー ロンドン ドライジン／冷凍）	10〜15ml
ラ・カンティニ ヴェルモット・ロイヤル ブラン	15ml
カットライム（搾る）	1/6個

ガーニッシュ

ライムピール	1片

作り方

❶ 材料をミキシンググラスに入れて100回以上（氷無しで）ステアし、冷凍庫に入れておく。

❷ 冷凍庫から❶を取り出し、大きな氷を1つ加えてステアする。

❸ カクテルグラスに注ぎ、ライムピールを搾りかける。

[ブロンクス テラスの
　　　　　スタンダードレシピ]

材料：ジン 30ml ／ドライベルモット 20ml ／ライムジュース 10ml

① 材料をシェイクして、カクテルグラスに注ぐ。

BARTENDER'S COMMENT

ブロンクステラスはドライなカクテルですが、ほんのりとした甘さを感じられるほうが美味しいので少し甘味のあるラ・カンティニを使っています。ラムとシェリー、ライムジュースをシェイクするカクテル「クォーターデッキ」くらいの甘さですね。ライムは芯を大きくカットして横搾りにすると、酸味が穏やかに。また、❶でミキシンググラスを冷凍庫に入れて冷凍と常温のジンを馴染ませ、まろやかに仕上げています。

クローバー クラブ
Clover Club

COCKTAIL RECIPE

材料

オールドトム ジン（タンカレー）	30ml
卵白	10ml
ザクロジュース	15ml
レモンジュース	15ml
粉砂糖	1〜1.5tsp

ガーニッシュ

レモンピール	1片

作り方

❶ 材料をシェイクして、茶こしで濾しながらカクテルグラスに注ぐ。
❷ レモンピールを搾りかける。

[クローバー クラブの
　　　　　　スタンダードレシピ]

材料：ジン 30 〜 45ml ／グレナデンシロップ 15ml ／ライムまたはレモンジュース 15ml ／卵白 1個分

① 材料を充分にシェイクして、ソーサー型シャンパングラスに注ぐ。

BARTENDER'S COMMENT

かつてアメリカ・フィラデルフィアにあった社交クラブの名前に由来するといわれている「クローバー クラブ」。僕の感覚ですが、ドライジンよりも甘さのあるオールドトムジンのほうがマッチする気がします。その甘味で卵白やザクロと繋がるイメージですね。タンカレーのオールドトムがなければ、柔らかい甘味のあるエギュベルジンでも。卵白が入るため泡立ちますが、飲み口を考えてあまり泡立ち過ぎないようにシェイクしています。

シンガポール スリング
Singapore Sling

COCKTAIL RECIPE

材料

ジン（ビーフィーター）	30ml
チェリーリキュール（ヒーリング）	20ml
コアントロー	1tsp
ベネディクティン DOM	1tsp
パイナップル	1/8個
ライムジュース	15ml
ザクロジュース	10ml
アンゴスチュラ ビターズ	1dash
粉砂糖	1tsp

作り方

❶ 材料をミキサーで撹拌して、バーズネストで濾しながらシェーカーに移す。

❷ シェイクして、クラッシュドアイスを入れたタンブラーに注ぐ。

❸ ストローを添える。

[シンガポール スリング（ラッフルズホテル版）のスタンダードレシピ]

材料：ジン 30ml ／チェリーリキュール 15ml ／コアントロー 1tsp ／ベネディクティンDOM 1tsp ／パイナップルジュース 120ml ／ライムジュース 15ml ／グレナデンシロップ 2tsp ／アンゴスチュラ ビターズ 1dash

ガーニッシュ：パイナップル 1片／マラスキーノチェリー 1個

① 材料をシェイクして、タンブラーに注ぐ。
② ガーニッシュを飾る。

BARTENDER'S COMMENT

シンガポールの「ラッフルズホテル」で誕生したカクテルで、そのオリジナルレシピをもとにややさっぱりめに作っています。ジンはホテル内の店舗「ロングバー」でベースに使われていたビーフィーターを選びました。もうひとつ有名なレシピで、ジンフィズにチェリーリキュールを入れたようなロンドン「サヴォイホテル」の作り方がありますが、それに若干近づけたような味わいになっています。

アラウンド　ザ　ワールド
Around The World

COCKTAIL RECIPE

材料

ジン（タンカレー ナンバーテン）	30ml
パイナップル	5cm
ミントの葉	10枚
粉砂糖	1tsp

作り方

❶ 材料をミキサーで撹拌する。

❷ 味見して、酸味が足りない場合はレモンジュース 1tsp（分量外）を加える。

❸ バーズネストで濾しながらシェーカーに移す。

❹ シェイクして、カクテルグラスに注ぐ。

[アラウンド ザ ワールドの
　　　　　　　スタンダードレシピ]

材料：ジン 40ml ／グリーン ミント リキュール 10ml ／パイナップルジュース 10ml

ガーニッシュ：ミントチェリー 1個

① 材料をシェイクして、カクテルグラスに注ぐ。

② ミントチェリーを飾る。

BARTENDER'S COMMENT

グリーン ミント リキュールをミントの葉と粉砂糖で代用して、ナチュラルな一杯に。リキュールを用いた場合と比べて、味わいも色もやさしいテイストに変わります。僕はカクテル全般において冷たさにそれほどこだわっていないので、シェイクした後の氷片を入れたくありません。冷たすぎると、風味も感じにくくなってしまいます。そこで茶こしやバーズネストを用いて、口当たりに影響するフルーツの果肉などと共に濾しています。

ヨコハマ
Yokohama

COCKTAIL RECIPE

材料

ジン（エギュベル）	20ml
ウォッカ（ストリチナヤ）	10ml
オレンジジュース（果汁200%に煮詰めたもの）※	20ml
ザクロジュース	10ml
粉砂糖	1tsp
パッションフルーツ ジュース	1tsp
ペルノ	1tsp

ガーニッシュ

オレンジピール	1片

作り方

❶ 材料をシェイクして、茶こしで濾しながらカクテルグラスに注ぐ。

❷ オレンジピールを搾りかける。

※［ オレンジジュース
　　　　（果汁200%に煮詰めたもの）］
オレンジジュースを鍋に入れて火にかけ、沸騰したら弱火〜中火で半量になるまでゆっくり煮詰める。

［ ヨコハマのスタンダードレシピ ］
材料：ジン 20ml ／ウォッカ 10ml ／オレンジジュース 20ml ／グレナデンシロップ 10ml ／ペルノ 1dash

① 材料をシェイクして、カクテルグラスに注ぐ。

BARTENDER'S COMMENT

酸味の立つ素材がオリジナルレシピに入っていないため、味わいがぼやけてしまったり、グレナデンシロップの甘味に持っていかれがち。グレナデンを使わず、オレンジを煮詰めることでそれらを回避しています。さらに、オレンジフレーバーが引き立つよう僅かにパッションフルーツを加えました。例えば同じようにラムベースのカクテル「ダイキリ」にダークラムを1tsp入れると、誰もが知っているラムレーズンを連想させるようなテイストに。このちょっとしたアクセントで、わかりやすいキャッチーな味わいになります。

ミリオン ダラー

Million Dollar

COCKTAIL RECIPE

材料

ジン（エギュベル）	30ml
スイートベルモット（カルパノ アンティカ フォーミュラ）	15ml
パイナップル	5cm
ザクロジュース	1〜2tsp
粉砂糖	1tsp
卵白	10〜15ml

作り方

❶ 材料をミキサーで撹拌して、バーズネストで濾しながら
  シェーカーに移す。

❷ シェイクして、クープグラスに注ぐ。

[ミリオン ダラーのスタンダードレシピ]

材料：ジン 35 〜 45ml ／スイートベル
モット 10 〜 15ml ／パイナップルジュー
ス 10 〜 15ml ／グレナデンシロップ
1tsp ／卵白 1個分

ガーニッシュ：パイナップル 1片

① 材料を充分にシェイクして、ソーサー
  型シャンパングラスに注ぐ。

② パイナップルを飾る。

BARTENDER'S COMMENT

横浜のグランドホテルで「バンブー」（※）を考案したルイス・エッピンガー氏、前述の「シンガ
ポールスリング」を考案したニャン・トン・ブーン氏と、2つの誕生説があるクラシックカクテル。グ
レナデンシロップの代用としてザクロジュースと粉砂糖を使い、スムースで余韻の長い味わい
に仕上げました。ザクロジュースは搾ってから色を確認して、どのくらい加えるか決めています。
す。色も味わいも綺麗にまとめたいカクテルですね。

※バンブー
　　ドライシェリー、ドライベルモット、オレンジビターズをステアして作るカクテル。

ブルー ムーン
Blue Moon

COCKTAIL RECIPE

材料

ジン (エギュベル)	30ml
パルフェタムール (シャルルバノー)	15ml
ブルーキュラソー (ボルス／1980年代のオールドボトル)	1tsp
レモンジュース	15ml強
粉砂糖	1tsp弱

ガーニッシュ

レモンピール	1片

作り方

❶ 材料をシェイクして、茶こしで濾しながらカクテルグラスに注ぐ。

❷ レモンピールを搾りかける。

[ブルー ムーンのスタンダードレシピ]

材料：ジン 30ml ／パルフェタムール 15ml ／レモンジュース 15ml

ガーニッシュ：レモンピール 1片

① 材料をシェイクして、カクテルグラスに注ぐ。

② レモンピールを搾り入れる。

BARTENDER'S COMMENT

すっきりか重めか、どのくらいの濃さの紫色に仕上げるか、毎回とても悩むカクテルです。パルフェタムール（※）はメーカーによって色が異なるので、綺麗な紫色を出すにはどうすれば良いかを考えますね。オールドボトルのブルーキュラソーを使っていますが、現行品でもかまいません。色合いを見て、1/2 〜 1tspの間で調整します。粉砂糖を入れているのは、全体の味わいにボリュームが出るから。ほかのカクテルでもリキュールを少し減らした分、粉砂糖を加えることがあります。

※パルフェタムール
スミレやバラなどで香り付けされたリキュール。ヴァイオレットリキュールとも言われる。

Bar d

Bartender

田邉　武

二十歳の時、地元である千葉県・南行徳の
バー「In the Mood」に入店する。6年半ほど
勤めた後、小岩のバー「M's KEY」、赤坂
のバー「White Label」を経て2003年に銀
座で「Bar Dolphy」を独立開業。2014年に
は、片瀬江ノ島駅前に「Bar d」をオープンす
る。オールドボトルと葉巻、お酒と焼き菓子など
のペアリングを得意とし、ジャズのアドリブのよ
うな感覚でクラシックカクテルを時代やお客に
あわせて提供している。

BAR info

Bar d　神奈川県藤沢市片瀬海岸2-8-15　0466-53-9099

名匠がつくる、スタンダードジンカクテル III

BAR HIRAMATSU
Yoshitomo Hiramatsu

ブランブル
Bramble

COCKTAIL RECIPE

材料

ジン (タンカレー ロンドン ドライジン)	45ml
レモンジュース (濾さない)	20ml
シンプルシロップ	10ml
ベリーピューレ※	20g

ガーニッシュ

レモンスライス	1枚

作り方

❶ ベリーピューレ以外の材料をシェイクして、クラッシュドアイスを入れたロックグラスに注ぐ。

❷ ベリーピューレを加え、レモンスライスを飾る。

※[ベリーピューレ]
冷凍イチゴ、冷凍ブルーベリー、冷凍ラズベリー各1/3の総重量に対し、ブラックベリーリキュール (レリティエギュイヨ クレーム ド ミュール) を半量加えて、ブレンダーで混ぜる。製氷皿に移して冷凍し、使用時にレンジで解凍する。

[ブランブルのスタンダードレシピ]
材料：ジン 45～60ml ／レモンジュース 22.5ml ／シンプルシロップ 7.5～15ml ／クレーム ド ミュール (ブラックベリー リキュール) 15～22.5ml

① ロックグラスにクラッシュドアイスを入れる。

② ジン、レモンジュース、シンプルシロップを加えて、ステアする。

③ クレーム ド ミュールをゆっくりと注ぐ。

BARTENDER'S COMMENT

ロンドンのバーテンダー、Dick Bradsell 氏による創作。仕上げにリキュールを振りかける行為を彼が"Bleeding (出血)"と名付けたように、徐々にベリーが沈むようリキュールではなく自家製ピューレを用いました。ピューレはこの割合だと、ブラックベリーの風味を程よく感じる複雑な味わいになります。グラスの氷をクラックドアイスに変える場合は、シロップを5mlに。冷えが弱いと、甘さを強く感じるためです。Brambleはキイチゴ各種のことで、イギリスでは特にブラックベリーを指します。

マルチネス
Martinez

COCKTAIL RECIPE

材料

ジン（タンカレー ロンドン ドライジン）	25ml
ハウスブレンド ベルモット※1	45ml
マラスキーノ（ルクサルド）	1ml
ハウスブレンド ビターズ※2	1ml

作り方

❶ 冷凍したミキシンググラスに材料を注ぎ、氷を加えてステアする。

❷ 冷やしたカクテルグラスに注ぐ。

※1 [ハウスブレンド ベルモット]
カルパノ アンティカ フォーミュラ 1に対しマルティーニ ロッソ 3を加えて混ぜ、冷蔵保存する。

※2 [ハウスブレンド ビターズ]
アンゴスチュラ ビターズ 1に対しペイショーズ ビターズ 3を加えて混ぜ、常温保存する。

[マルチネスのスタンダードレシピ]
材料：ジン 30～45ml ／スイートベルモット 20～45ml ／マラスキーノ 2～3dashes ／アンゴスチュラ ビターズ 1～2dashes
ガーニッシュ：レモンピール 1片

① 材料をステアして、カクテルグラスに注ぐ。
② レモンピールをかける。

BARTENDER'S COMMENT

マティーニの原型となったカクテル。ジンとベルモットが同量、もしくはジンの量が多めのレシピが一般的ですが、ジンが主張し過ぎるため比率を変えました。現在、このようなバランスのショートカクテルが"リバース（ベースとベルモットの量を逆転させる）マティーニ"などで見られます。また、ベルモットの量が多いとアルコール度数が高くならず、氷の融解による伸びが不要なことから冷凍したミキシンググラスで作りました。ブレンドしたベルモットは、ほかにもマンハッタン、ネグローニなどに使えます。

ジン クラスタ
Gin Crusta

COCKTAIL RECIPE

材料

ジン（タンカレー ロンドン ドライジン）	40ml
レモンジュース（濾す）	15ml
コアントロー	10ml
シンプルシロップ	5ml
マラスキーノ（ルクサルド）	2.5ml
ハウスブレンド ビターズ※	1ml

ガーニッシュ

グラニュー糖	適量
レモンの皮（らせん剥き）	1枚

作り方

❶ ゴブレットの縁をレモンジュース（分量外）で濡らし、グラニュー糖を付ける。

❷ レモンの皮と氷を❶に入れて、ゴブレットを冷やす。

❸ 材料をシェイクして、❷に注ぐ。

※[ハウスブレンド ビターズ]
アンゴスチュラ ビターズ 1に対しペイショーズ ビターズ 3を加えて混ぜ、常温保存する。

[ジン クラスタのスタンダードレシピ]
材料：ジン 45〜60ml／マラスキーノ 1tsp／レモンジュース 1tsp／アンゴスチュラ ビターズ 1dash
ガーニッシュ：砂糖 適量／レモンの皮（らせん剥き）1個分

① 砂糖でリムしたワイングラスに、レモンの皮を入れる。

② 材料をシェイクして①に注ぎ、氷を加える。

※上記のレモンジュースが15mlで、コアントローを15ml追加したレシピもある。

BARTENDER'S COMMENT

クラスタは、砂糖をリムドしてらせん状のレモンピールを入れたグラスに、スピリッツとレモンジュース、ビターズ、砂糖などをシェイクして注ぐスタイルのこと。ビターズはアンゴスチュラを用いるレシピが多いですが、その個性が出過ぎる場合はブレンドしたものを使います。サイドカーの基となった「ブランデー クラスタ」なら、ブランデー（ハインVSOP）40ml、レモンジュース 10ml、コアントロー 5ml、シンプルシロップ 5ml、マラスキーノ（ルクサルド）2.5ml、ハウスブレンド ビターズ 1mlで作ります。

ジン デイジー（オールドスクール）
Gin Daisy (Old School)

COCKTAIL RECIPE

材料

ジン（タンカレー ロンドン ドライジン）	45ml
レモンジュース（濾さない）	20ml
シャルトリューズ ジョーヌ（イエロー）	10ml
シンプルシロップ	10ml
ソーダ	30ml

ガーニッシュ

レモンスライス	1枚

作り方

❶ ソーダ以外の材料をシェイクして、クラッシュドアイスを入れたタンブラーまたはゴブレットに注ぐ。

❷ ソーダで満たして、軽く混ぜる。

❸ レモンスライスを飾る。

[ジン デイジーのスタンダードレシピ]

材料： ジン 45ml ／レモンジュース 20ml ／グレナデンシロップ 2tsp ～ 10ml

ガーニッシュ：スライスレモン 1枚／ミント 適量

① 材料をシェイクして、クラッシュドアイスを詰めたゴブレットに注ぐ。

② ガーニッシュを飾る。

BARTENDER'S COMMENT

19世紀のHarry Johnson著『Bartender's Manual』を参考に作りました。この時代のデイジー（※）におけるリキュールの使われ方は主たる甘味料ではなく、あくまでアクセントだったようです。クラッシュドアイスを使用する際は、飲みやすいようにストローを添えることが多いですが、カクテルの香りや冷たさを感じにくくなるため、当店ではご要望がない限り添えません。20世紀初頭からはグレナデンシロップを使うようになったので、そちらは"New School"として提供しています。

※デイジー
　スピリッツに果汁とリキュールまたはフルーツシロップを加えてシェイクし、クラッシュドアイスを入れたゴブレットに注ぐスタイル。

シルバー ブレット
Silver Bullet

COCKTAIL RECIPE

材料
ジン（タンカレー ロンドン ドライジン）	35ml
キュンメル（ウォルフシュミット）	10ml
レモンジュース（濾さない）	15ml

ガーニッシュ
アンチョビ入りオリーブ	2個

作り方
❶ 材料をシェイクして、冷やしたカクテルグラスに注ぐ。
❷ オリーブを添える。

［ シルバー ブレットの スタンダードレシピ ］
材料：ジン 30ml／キュンメル 15ml／レモンジュース 15ml
① 材料をシェイクして、カクテルグラスに注ぐ。

BARTENDER'S COMMENT

ジンベースの代表的なカクテル「ホワイトレディ」のコアントローをキュンメル（キャラウェイを主原料にしたリキュール）に変えた一杯。このキュンメルは糖度が高いため、量を少し控えめにして作りました。オリジナルレシピにガーニッシュはありませんが、当店ではキュンメルとの相性が良いアンチョビ入りオリーブを添えています。レモンジュースは濾さずに用いたほうが、複雑に仕上がります。

サウス サイド
South Side

COCKTAIL RECIPE

材料

ジン（タンカレー ロンドン ドライジン）	45ml
ライムジュース（濾す）	20ml
シンプルシロップ	2.5ml
ミント	5枝

ガーニッシュ

ミント	1枝

作り方

❶ 材料をシェイクして、冷やしたカクテルグラスにダブルストレイン。

❷ ミントを飾る。

[サウス サイドのスタンダードレシピ]

材料：ジン 45ml ／ライム（またはレモン）ジュース 20～25ml ／シンプルシロップ 5～15ml ／ミント 適量
ガーニッシュ：ミント 適量

① 材料をシェイクして、カクテルグラスに注ぐ。
② ミントを飾る。

BARTENDER'S COMMENT

禁酒法時代にオープンしたNYの老舗レストラン「21クラブ」のシグネチャーカクテルで、かつてロングスタイルで提供されていました。現在ではショートスタイルのレシピもあり、当店ではそちらを採用しています。ライムジュースを濾すのは、雑味なく仕上げるため。また、サヴォイのカクテルブックには「サウスサイドフィズ」が掲載されており、ジンフィズにミントを添えたものとなっています。

ラスト ワード
Last Word

COCTAIL RECIPE

材料

ジン（タンカレー ロンドン ドライジン）	27.5ml
シャルトリューズ ヴェール（グリーン）	15ml
マラスキーノ（ルクサルド）	15ml
ライムジュース（濾さない）	15ml

作り方

❶ 材料をシェイクして、冷やしたカクテルグラスに注ぐ。

[ラスト ワードのスタンダードレシピ]

材料： ジン、シャルトリューズ ヴェール（グリーン）、マラスキーノ、ライムジュース 各15ml

① 材料をシェイクして、カクテルグラスに注ぐ。

BARTENDER'S COMMENT

1951年、Ted Saucier著『Bottoms up』に初登場したラストワード。各1/4のレシピもありますが、リキュールの風味がやや強くなってしまうので、ジンを多めにしてバランスを取りました。レモンやライムは風味を強くする効果のあるフラベド（外果皮）の精油も取れるよう、手動の搾り器（メキシカンエルボー）を使っています。オレンジやグレープフルーツなら、大き目のプレス式ジューサーを。

フレンチ75

French75

COCKTAIL RECIPE

材料
ジン（タンカレー ロンドン ドライジン） ………………… 20ml
レモンジュース（濾す） ……………………………… 10ml
シャンパンシロップ※ 5ml
シャンパン（ドラピエ カルト・ドール ブリュット） ………… 120ml

ガーニッシュ
レモンピール ………………………………………… 1片

作り方
❶ シャンパン以外の材料を冷凍したミキシンググラスに入れて、スワリングする。
❷ 冷やしたシャンパングラスに❶を注ぎ、シャンパンを加えて軽く混ぜる。
❸ レモンピールを搾り入れる。

※［ シャンパンシロップ ］
シャンパンの糖度を計った上で、Brix値（糖の含有量）が65％になる量の上白糖と合わせてブレンダーにかける。容器に移して室温で溶解し、冷蔵保存する。

［ フレンチ75のスタンダードレシピ ］
材料：ジン 45ml ／レモンジュース 20ml ／砂糖 1tsp ／シャンパン 適量
① シャンパン以外の材料をシェイクする。
② フルート型シャンパングラスに注ぎ、シャンパンで満たす（シャンパンで満たす前に、氷を加えるレシピもある）。

BARTENDER'S COMMENT
フレンチ75にはさまざまなレシピが存在しますが、ビルドで仕上げるとジンの風味をしっかりと感じることができます。自家製のシャンパンシロップはシャンパンを使うカクテルに用いていて、香りが残るよう加熱はしていません。Brix値が65％であれば室温で溶けますし、保存も効きます。シャンパンは黒葡萄の比率が高く、リッチな風味のドラピエを。また、氷は入れないほうがその泡立ちを楽しめます。

ハンキー パンキー
Hanky Panky

COCKTAIL RECIPE

材料
ジン（タンカレー ロンドン ドライジン） ……………… 40ml
スイートベルモット（カルパノ アンティカ フォーミュラ） … 20ml
フェルネットブランカ ……………………………… 5ml

ガーニッシュ
オレンジピール ……………………………………… 1枚

作り方
❶ 冷やしたミキシンググラスに氷と材料を入れて、ステアする。
❷ カクテルグラスに注ぎ、オレンジピールを搾りかける。

[ハンキー バンキーの
　　　　　　　スタンダードレシピ]
材料：ジン 30ml ／スイートベルモット
30ml ／フェルネットブランカ 5ml
ガーニッシュ：オレンジピール 1片
① 材料をシェイクして、カクテルグラスに
　 注ぐ。
② オレンジピールをかける。

BARTENDER'S COMMENT
「疲れているので、パンチの効いたカクテルを」とのオーダーから創作して提供したところ、
「By Jove! That is the real hanky-panky!」と言われたのがこのカクテルの由来。ロンドン「サヴォイホテル」で誕生し、同店のカクテルブックではジンとベルモットを同量でシェイクしています。シェイクで作るとフェルネットブランカの香りは立つものの、オレンジピールによって隠れてしまうためステアにし、現代に合うバランスの良い比率に変えました。

アヴィエーション
Aviation

COCTAIL RECIPE

材料

ジン（タンカレー ロンドン ドライジン）	35ml
レモンジュース（濾す）	15ml
マラスキーノ（ルクサルド）	10ml
パルフェタムール（ボルス）	5ml
シンプルシロップ	1ml

作り方

❶ 材料をシェイクして、冷やしたカクテルグラスに注ぐ。

[アヴィエーションの
　　　スタンダードレシピ]

材料：ジン 45ml ／レモンジュース
15ml ／マラスキーノ 1tsp

① 材料をシェイクして、カクテルグラスに
　注ぐ。

※上記のマラスキーノが10mlだったり、
　バイオレットリキュールを少量加えたレ
　シピもある。

BARTENDER'S COMMENT

"Aviation（航空）"の名前にちなみ、カクテルを淡いスカイブルーにするには紫色のクレーム・
ド・バイオレット、もしくはパルフェタムールを加えたいですよね。そこで色・味・香りがいずれも良
く、国内で安定して入手できるブランド「ボルス」を選びました。甘さ控えめを好むなら、シロッ
プは省いても。1916年、Hugo Ensslin著『Recipes for Mixed Drinks』に初登場した
カクテルです。

BAR HIRAMATSU

Bartender

平松　良友

大阪ミナミでバーテンダーの道に入り、2001
年に心斎橋で「BAR HIRAMATSU」を
開店。2012年、西梅田に2店舗目を出店す
る（2013年に心斎橋店は閉店）。長年集
めている洋書文献などの資料から独自にカ
クテルを研究し、パリで開催されたセミナー
「COCKTAILS SPIRITS」では"カクテル
に含まれる溶存酸素量の違いにより、カクテ
ルの口当たりはどう変わるか"について発表し
た。現在は後進に指導をしながら、更なるカク
テルの研究に励んでいる。

BAR info

BAR HIRAMATSU 大阪府大阪市北区梅田2-5-25 ハービスPLAZA 2F　06-6456-4774

バーテンダーがつくるジン Ⅴ

LONG GOOD CRAFT GIN & TONIC

中垣 繁幸氏

×

ナチュラルで優しいジントニック缶

LONG GOOD

A COCKTAIL FOR LIFE

CRAFT GIN & TONIC

KUROMOJI + BERGAMOT

DATA

主なボタニカル（ジュニパーベリー以外）

- 黒文字（岐阜県伊吹山産）
- ベルガモット
  （広島県しまなみ産、イタリア・カラブリア産）
- 紅茶葉（アールグレイ）
- グリーン コリアンダー
- グリーン カルダモン
- カシアバーク（オーガニック）
- クローブ（オーガニック）　ほか　計12種類

ベーススピリッツ

- サトウキビ（糖蜜）由来のニュートラルスピリッツを白樺の活性炭で濾過したもの（96度と、加水した59度をボタニカルによって使い分ける）

蒸溜器／蒸溜機

- ロータリーエバポレーター
  （スイスのビュッヒ社製／20L）

再蒸溜法

- 浸漬法（ボタニカルごとに蒸溜してブレンド。浸漬時間は各ボタニカルで異なり、浸漬せずにそのまま蒸溜するものもあれば、ひと晩浸けて約45度まで加水して蒸溜するものもある）

その他の原材料

- ライム果汁、オリゴ糖、苦味料（グレープフルーツ由来）

LONG GOOD CRAFT GIN & TONIC
KUROMOJI + BERGAMOT

アルコール度数：6%以上7%未満　容量：360ml　蒸溜所：長良酒造（岐阜県岐阜市）

エスプーマ、エディブル、真空調理器、遠心分離機と、未知だったカクテルメイキングのパイオニアであり、全国にその名が轟く岐阜のバーテンダー、中垣繁幸さんによるジントニック缶が誕生しました。蒸溜所の設計、機材の選定・購入、酒造免許の取得などを自ら行い、かつてない現役バーテンダーによる蒸溜所設立とジントニック缶の製造を成し遂げた姿には、カクテルメイキングと同様に新境地を切り開く中垣さんの情熱とチャレンジ精神を感じます。

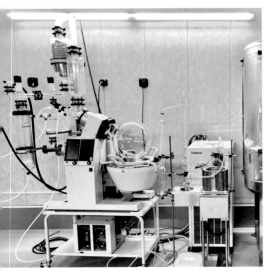

「長年取り組んできたカクテルのレシピに対する考え方、再構築というメソッドがあったからこそ、実現できたのかもしれません。ジントニックをどのように構成していくかはバーテンダーとしての35年間の経験と知識をフルに使いましたが、慣れない作業が山ほどあり、多くの方たちに助けて頂きました。これまでカウンターで作りたてのカクテルを提供していたので、ブレンディングタンクから感じる香りと炭酸を充填して缶に入れた時の香り、酸味や甘味の変化の大きさには戸惑いましたね」

（中垣さん）

イギリスやフランスでの蒸溜所研修、岐阜県郡上八幡にある辰巳蒸溜所の立ち上げまでの手伝い、奥飛騨酒造でのリキュール製造、そしてFAR YEASTブルーイングでのタンクや液体移送の研修などの経験を充分に活かしながらジントニック缶を造り上げた中垣さん。今回は正式発売前のプロトタイプで、将来的には定番品とシーズナル商品をリリースしていきたいそうです。

「いつか酒造りをしてみたいという思いと、"マスターのカクテルが家でも飲めたら"というお客さまの言葉が原動力になりました。バーテンダーから蒸溜家へ転身したつもりはなく、全国のご家庭に美味しいカクテルを届けたいという一心です。今後はボトルドカクテルや、プロ向けのカクテル素材などもリリースしていく予定です。これらがきっかけになって、カクテル全体の裾野を広げられたら嬉しいです」

（中垣さん）

LONG GOOD CRAFT GIN & TONIC
KAFFIR LIME + ROSE

甘く爽やかなカフィアライムの香りに、ローズの余韻を
組み合わせるのは昔から好きなペアリングです。ゆっ
たりとした寛ぎの時間にお楽しみいただける優美な
ジントニックを目指しています。

主なボタニカル（ジュニパーベリー以外）
・カフィアライム（リーフ）
・ダマスクローズ（ヨーロッパ産）
・紅茶葉（ディンブラ）
・オレンジピール（ノンケミカル）
・レモンピール（ノンケミカル）
・オリスルート
・グリーン コリアンダー　ほか　計10種類
その他の原材料
ライム果汁、オリゴ糖、苦味料（グレープフルーツ由来）

LONG GOOD CRAFT GIN & TONIC
GREEN TEA + JASMINE

ジャスミンフラワーの清楚な香りと、日本茶（白川茶）
の余韻を感じられるジントニックです。アウトドアのお
供にも、和食の食中酒などにも楽しめるようなフレンド
リーな仕上がりになったと思います。

主なボタニカル（ジュニパーベリー以外）
・緑茶（岐阜県産　白川茶）
・ジャスミン（ニュージーランド産）
・オレンジピール（ノンケミカル）
・レモンピール（ノンケミカル）
・グリーン コリアンダー　・カシアバーク（オーガニック）
・クローブ（オーガニック）　ほか　計10種類
その他の原材料
ライム果汁、オリゴ糖、苦味料（グレープフルーツ由来）

バーテンダーがつくるジン V

LONG GOOD CRAFT GIN & TONIC ╳ 中垣 繁幸氏

Shigeyuki Nakagaki
中垣　繁幸

1985年よりバーテンダーの道へ入る。フレンチの厨房や製菓など多岐にわたって研鑽を積み、カクテルに製菓や料理の技法を融合させる独自のカクテルスタイルを確立。そのフィロソフィは、自身の蒸溜所にも反映されている。数々のカクテルコンペティションでの受賞後、コンペ審査員や、国内およびヨーロッパのカクテルセミナー講師、ゲストバーテンダー、カクテルをテーマにした個展など、幅広く活動中。東京ウィスキー＆スピリッツコンペティション公式審査員（2019～現在）。

BAR info

BAROSSA cocktailier
岐阜県岐阜市金宝町1-12　PORT-A 2F
058-263-1099

プロフェッショナルが
薦める ジン

クラフトジンのブームにより、数えきれないほどのジンが世界中で誕生しました。興味はあるけれど、何をどうやって飲んでいいかわからないという人も多いかもしれません。ここでは、ジンのプロフェッショナルが選び抜いたジンとお薦めの飲み方をご紹介します。

The World Gin&Tonic [Antonic]
Kouta Takeda

武田 光太 氏

輸入洋酒販売業の営業職を経て、2020年10月
にジントニック専門店 The World Gin&Tonic
〔Antonic〕をオープン。バーの難しさをできる
だけ排除したロケーションや注文方法、価格帯
により、バーでお酒を楽しむ人を増やすことを目
指す。2022年6月には、すぐ隣のテナントにボト
ルキープのできるお店BEEP / Bottle Keep Place
を展開。さらに一歩踏み込んだバーと洋酒文化
を発信している。

BAR INFORMATION

The World Gin&Tonic〔Antonic〕

東京都目黒区東山1-9-13　1F

TEL　03-6303-1729

ジン ピルツ
GIN PILZ

●アルコール度数 40%　●容量 700ml　●生産国 イタリア
●販売元 株式会社モトックス

ジュニパーベリーが安定して採取できる国の中で、唯一ジン
の生産が盛んなイタリア。ジンピルツは、ジンらしさとイタリ
アらしさをどちらも100%感じられるジンです。ジントニック
に求める甘味、苦味、渋みを理想的なバランスで持つアマル
フィ産レモンを使用。レモンピールの香りの引き出し方の上
手さが際立っています。グラッパで知られるピルツァー蒸溜
所で造られています。

ベアーズ ブック
BEAR'S BOOK

●アルコール度数 45% ●容量 700ml ●生産国 日本
●販売元 高橋酒造株式会社

米焼酎「白岳」や「しろ」で有名な熊本県人吉市の造り手、高橋酒造さんの次世代を担う蒸溜家たちにより誕生。同社の焼酎の延長線ではなく、専用の蒸溜器とニュートラルスピリッツを使用していて、ジントニックに適したドライジン製造への熱意を感じる商品です。『和酒』ではなく、和のシトラス・スパイス・ハーブから『和』というイメージを与えてくれる稀有なジンですね。

クローバー ジン ラッキー 4
CLOVER GIN Lucky No.4

●アルコール度数 44% ●容量 500ml ●生産国 ベルギー
●販売元 株式会社アレグレス

ベルギー・カルムトハウトで育った三姉妹が手がけるジンです。フレッシュでフルーティーな香りを持つものが多く、当店の開業時から最も人気があるジンの激戦区・ベルギー。ジンは「ジュニパー・スパイス・シトラス」で構成されるべきだという、硬派なジンラバーにもご紹介したいジンです。ベルガモットとクレモンティーヌのシトラス感に、グリーンティーの柔らかな香り。ライムを搾らずに召し上がって頂きたいです。

ディスティレリ・ド・パリ ジン ベル・エール

DISTILLERIE DE PARIS
Gin Bel Air

●アルコール度数 43%　●容量 500ml　●生産国 フランス
●販売元 株式会社モトックス

まるで芸術家のような感性を持つ、ニコラ・ジュレス氏
による名作。レユニオン島のトロピカルフルーツと、香
水にも使用されるベチバーなど香りの良さに注目され
ることが多く、"飲む香水"と呼ばれるジンです。その
素晴らしい香りだけでなく、時間をかけて加水された
アルコールの滑らかさが秀逸。ワイングラスに氷を入
れたロックで楽しんで頂きたいです。

フェルディナンズ ザール ドライジン

FERDINAND'S
SAAR DRY GIN

●アルコール度数 44%　●容量 500ml　●生産国 ドイツ
●販売元 株式会社田地商店

ストレートで飲むなら「ジンの中では美味しい」ではな
く「他のスピリッツと比べても美味しい」必要があると
思います。高額商品であるクラフトジンは同価格帯に
たくさんの熟成酒があるのでストレートでの評価が少
し難しいですが、私が飲むならこのジン。小麦から造ら
れるクリアなベーススピリッツと、厳選素材による洗練
された香り。蒸溜後に添加するシュペトレーゼワイン
が完璧に調和しています。

Craft Gin Bar Copain
Jenya Malahova

ジェーニャ マラホワ 氏

ロシア・ボルゴルラード生まれ。2003年よりモデルとして来日し、数々のメディアで活躍。恵比寿「Bar Tram」でMonkey47を飲んで衝撃を受けたことをきっかけに、クラフトジンの世界に興味を持つ。2017年、クラフトジン専門店を開くためロンドンのバースクールでバーテンディングの技術を学び、翌年3月に池袋で「Craft Gin Bar Copain」をオープン。国内外の蒸溜所を巡り、造り手の話を広く伝えている。

BAR INFORMATION

Craft Gin Bar Copain

東京都豊島区上池袋 1-8-1

TEL 080-7827-2134

TONIC

ジージン クラシック
g-GIN Classic

●アルコール度数 46% ●容量 500ml ●生産国 スウェーデン
●販売元 クルン株式会社

ボタニカルとしてよく用いられるカルダモンやコリアンダーシードなどのほかに、隠し味的に少量のジンジャーとマンゴーを加えて蒸溜されたロンドンドライジン。防腐剤、添加剤を一切使用せずにボトリングしています。トニックウォーターは、ローシュガーのものがオススメ。割るとウッディな香りが立ち上がり、口に含むと柑橘系の香りとトニックの酸味、苦味がキレイなバランスに。まろやかで喉越しが良く、ジン初心者でも飲みやすいです。

TONIC & SODA

セントジョージ テロワール ジン

ST.GEORGE
TERROIR GIN

●アルコール度数 45%　●容量 750ml　●生産国 アメリカ
●販売元 並行輸入品

針葉樹の香りがするジンで、まるで森で飲んでいるかのような味わい。月桂樹、フェンネル、セージ、オリスルート、アンジェリカルートなどをボタニカルに用いています。香りと味わいが強く、トニックだけを合わせるとお互いの風味がバッティングしてしまうため、ソーダを足して。アメリカ・カリフォルニア州でウイスキーやウォッカなども製造するセントジョージズ蒸溜所が造っています。

SODA

コッツウォルズ ドライ ジン

COTSWOLDS DRY GIN

●アルコール度数 46%　●容量 700ml　●生産国 イギリス
●販売元 スコッチモルト販売株式会社

通常のジンと比べて、約10倍量のボタニカルを使用。蒸溜後、フィルターをかけずにボトリングしているため精油成分が多く溶け込み、加水すると白濁します。ボタニカルはラベンダー、ライム、グレープフルーツなど9種類。ソーダで割るとラベンダーやグレープフルーツの香りがフワッと花開き、口に含むと精油成分のオイリーさも感じられます。後からジュニパーベリーやコリアンダーのフレーバーも出てきて、すっきりとしたエレガントな味わいに。

ON THE ROCK

オーデマス ウマミ ジン
AUDEMUS UMAMI GIN

- アルコール度数 42% ● 容量 500ml ● 生産国 フランス
- 販売元 株式会社ルイR

シチリア産ケッパーの酸味を含んだ香りやペッパリーな香り、パルメザンチーズによる複雑な旨味とコクを感じるやや個性的なジン。コニャックの古い樽で短期間熟成することで、さらに香り豊かに仕上がっています。ストレートだとアルコールのカドが少し気になるので、ロックスタイルで。氷が溶けていく過程で飲み口が柔らかくなり、味わいの変化も楽しめます。

STRAIGHT

ハペニー ダブリン ドライ ジン
HA'PENNY DUBLIN DRY GIN

- アルコール度数 41% ● 容量 700ml
- 生産国 アイルランド ● 販売元 株式会社アスビック

1816年に建設されたアイルランド・ダブリンの橋にちなんだ銘柄で、たんぽぽの花、ゼラニウム、ブラックベリー、ラベンダー、オレンジピール、レモンピールなど13種類のボタニカルを使っています。甘くフローラルな香りとシトラス感があり、ボタニカルの味がしっかりと感じられるジン。柔らかな口当たりと、甘い余韻が続きます。

Bar Soutsu
Hiroaki Onodera

小野寺 総章 氏

国内屈指のジンを揃え、その楽しみ方を広める「Bar Soutsu（バー ソウツ）」のオーナーバーテンダー。「カクテルにおいて技術がより洗練されていく中、増え続けるジンの銘柄に何故拘らないのか」と感じたのを機に、2017年の開業と同時に世界中のジンを集め始める。ジン専門メディア「Gin Lab Japan」を運営し、さらにジンが愛されるよう活動の輪を広げている。

BAR INFORMATION

Bar Soutsu

東京都江戸川区南小岩6-18-8

TEL 03-5876-8016

TONIC

グリーンフック ジンスミス

GREENHOOK GINSMITHS

●アルコール度数 47%　●容量 750ml　●生産国 アメリカ
●販売元 グランテック株式会社

ニューヨーク市ブルックリン区の最北にある蒸溜所で、ニューヨーク産の有機小麦を原料にしたベーススピリッツと9つのボタニカルから造られる骨太なジンです。ひと口飲むと、クリーンなジュニパーと柑橘や花の香りが心地よく広がります。クラシックカクテルとの汎用性が高く、多くのジンラバーから愛される洗練された仕上がり。次世代のスタンダードジンと思わせるほど力強くも遊び心をくすぐる、飲み飽きることのない一本です。

TONIC

VL92 ジン
VL92 GIN

●アルコール度数 41.7%　●容量 500ml　●生産国 オランダ
●販売元 有限会社スリーリバーズ

モルト、ライ麦、コーンをベースにしたスピリッツに、14種類のボタニカルを加えて造られるオランダ産の個性的なジンです。ジンの主原料であるコリアンダーの種子だけでなく、葉も使用しているのが特徴で、ボタニカルの複雑さと共にベーススピリッツの深みも味わえます。ストレートでも美味しいですが、ジントニックにすることでトニックウォーターとVL92の奥行きのある風味が見事にマッチ。ジンの楽しみ方の多様性を感じて頂きたいとの強い思いも込め、お薦めします。

SODA

グレンダロッホ ワイルド ボタニカルジン
GLENDALOUGH WILD BOTANICAL GIN

●アルコール度数 41%　●容量 700ml　●生産国 アイルランド
●販売元 大和貿易株式会社

春夏秋冬、それぞれ別のボタニカルを使用して少量生産の「シーズナルジン」を造り続けてきたグレンダロッホ蒸溜所による通年の定番品。アイルランドの四季折々を一本で楽しめます。地元ウィックロウ周辺で採取された野生のボタニカルは、当日に蒸留。ひとつのボタニカルにとらわれない、これぞ「グレンダロッホジン」とも言える唯一無二の華やかな香りが特徴です。ソーダとの相性がとても良い、数少ない海外産のジンだと思います。

スティン ジン
STIN GIN

●アルコール度数 47%　●容量 500ml　●生産国 オーストリア
●販売元 株式会社日本グランドシャンパーニュ

28種類の多彩ながらも厳選されたボタニカルを使用。甘味や酸味の異なる6種類の南スティリア産のリンゴ、東スティリア産のエルダーフラワーがキーボタニカルです。複雑さと微かな甘味、酸味を感じさせる香りがロックでさらに表情を変え、幾重にも重なる味わいがより一層楽しめます。口いっぱいに広がるボタニカルを体験したいなら、自信を持ってはじめにお薦めしたい一本。プレミアムジンがもっと好きになるはずです。

アークティック ブルー ジン ネイビーストレングス
ARCTIC BLUE GIN NAVY STRENGTH

●アルコール度数 58.5%　●容量 500ml
●生産国 フィンランド　●販売元 株式会社ルイR

2016年から数年の試行錯誤を繰り返し、フィンランドで生まれた"アークティック ブルー ジン"。ブルーベリーの一種でもあるビルベリーの葉や、トウヒの葉などのボタニカルを用いています。製造工程で冷却濾過をしないため、ビルベリー本来の香り・ペクチン・精油成分がそのままジンに残り、加水すると白濁します。透明感の奥に隠れた、あまりにも豊かで上品な香り。フィンランドの清らかな森を朝露が静かに包み込むような神秘的な一瞬を、ぜひ一度感じてみてください。

一度は飲んでみたい、
至福のオールドボトル

数十年という時を経たオールドボトルと呼ばれるものは、ウイスキーやブランデーのイメージが強いかもしれませんが、ジンにも存在します。現行品とは異なる魅力を持つ、オールドボトルの風味。もし出会えたら、一度は味わってみたいジンのオールドボトルをご紹介します。

撮影協力／コメント＝佐藤博和（城.）

GORDON'S

GORDON'S MARTINI COCKTAIL（左）

1940年代頃に造られていた、マルティニカクテルのRTD（ジンとベルモットのミックス）。タン
カレー社と合併していたタンカレー・ゴードン社時代のためか、タンカレーと同型になっている珍
しいボトル。

GORDON'S ORANGE BITTERS（右）

ゴードンは、ジンベースのスタンダードカクテルに多用されるビターズも造っていた。芳醇で軽
やかな甘味があり、ストレートで楽しめる。ボトルは1930〜40年代のもの。

GORDON'S DRY GIN（左）
GORDON'S SPECIAL OLD TOM GIN（中央）
GORDON'S LEMON GIN（右）

現行品はどっしりとした厚みのあるテイストだが、オールドは古酒にも関わらずジュニパーの
瑞々しさが鮮烈。まさに、ジュニパーの味でドライさを演出していたことがよくわかる。オールド
トムはさらに薔薇の様なフラワリーさが微かに加わり、より芳醇なテイストに。レモンフレーバー
のジンも、当時から造られていた。

Tanqueray

Tanqueray Distilled English Gin（左）
Tanqueray MALACCA GIN（右）

オールドボトルと現行品を同時にテイスティングすると、タンカレーの持ち味のひとつはボタニカル由来の苦味であることがわかる。

オールドボトル：貴腐ワインやアールグレイのような香り。熟成感のあるジュニパーベリーに古紙のような風味、フキノトウやタラの芽といった山菜様の苦味があり、それらをアルコールの厚みと甘味が覆っている。

現行品：若草やローズマリーの香り。煎茶のような風味と共に、苦味を伴った爽快感がある。やや、のっぺりとした印象。

STOCK ／ RED HILLS

STOCK Dry Gin（左）
RED HILLS DRY LONDON GIN（右）
イタリアのオールドリキュールで有名なストック社（左）とブトン社（右）も、かつてはジンを造っていた。共にジュニパーベリー主体の濃厚な味わいで、リキュールと合わせてもジンらしさがしっかりと残る味わい。STOCK Dry Ginのほうが爽やかなドライさがある。共に1950年代のもの。

COINTREAU／Ambassador

COINTREAU BICKETT GIN

1930 〜 1940年代にコアントロー社が製造していたジン。現在、コアントロー社はオレンジ
リキュールのみを造っているが、この時代にはミントやアプリコットリキュール、アニゼットなども
造っていた。その流れの中で誕生したジンではないかと思われる。

Ambassador Distilled London DRY GIN

同名のブレンデッドウイスキーを造っていたテイラー&ファーガソン社が手がけたジン。自社ウ
イスキーと同じ名前でジンを販売するのは、現在でも珍しい。ラベルの人物画から1960年代
に製造されたことが予測される。テイラー&ファーガソン社は1950年代にカナダのハイラム
ウォーカー社の傘下に入り、ハイラムウォーカー社もジンを造っていたため、両社間でノウハウ
のやりとりや原酒の提供があった可能性も。

BENGAL ／ BOODLES（減圧蒸溜）

BENGAL GIN
香味を引き出す減圧蒸溜で造られたためか、ボタニカルの鮮烈なテイストが古酒になっても保たれている。キレのあるドライな味わいに、蕗のような青く清涼感のある香味が特徴的。

BOODLES BRITISH GIN

どっしりとしたアルコール感にジュニパーの甘味が乗っている現行品に対し、オールドはアルコールの重さを感じない。ジュニパーやクラシカルなボタニカルの味わいに、しっかりとした甘味を感じる。ハーバルな香味と、甘露のような甘味のバランス。BENGAL GINもそうだが、液体すべてにボタニカルの香味が溶け込んでおり、減圧蒸溜した意味をよく理解できるボトル。

BOOTH'S／GILBEY'S

HIGH & DRY BOOTH'S London Dry Gin（左）
BOOTH'S HOUSE OF LORDS English DRY GIN（中央）
BOOTH'S HOUSE OF LORDS DISTILLED DRY GIN（右）

かつては日本にも入ってきていたが、1980年代頃には輸入されなくなった模様。20世紀初頭の粗悪なジンが多く流通していた時代、英国上院が『Booth's社のジンは英国上院へ供給するための特撰されたジンである』という公文書を発した歴史がある。Booth'sジンの上級品"House of Loads"は「上院」を意味している。

GILBEY'S Antique GIN（左）
GILBEY'S LONDON DRY GIN（右）

1970年代に流通していたスタンダード品（右）と、'90年代頃流通のギルビーアンティーク（左）。ギルビーは現在でもクラシカルな味わいだが、かつてはギルビーアンティークのように華やかなタイプも造っていた。

スタンダード ジンカクテル レシピ

アースクエイク　Earthquake
ジン、ウイスキー、アブサン 各20ml／シェイク／カクテルグラス

アイディアル　Ideal
ジン 40ml、ドライベルモットまたはスイートベルモット 20ml、マラスキーノ 3dashes、グレープフルーツジュース 1tsp／シェイク／カクテルグラス

アヴィエーション　Aviation
ジン 45ml、レモンジュース 15ml、マラスキーノ 1tsp／シェイク／カクテルグラス
※マラスキーノが10mlだったり、バイオレットリキュールを少量加えたレシピもある。

青い珊瑚礁　Blue Coral Reef
ジン 40ml、グリーン ミント リキュール 20ml／マラスキーノ チェリー 1個／シェイク／カクテルグラス（縁をレモンで濡らす）

アペタイザー　Appetizer
ジン 25ml、デュボネ 20ml、オレンジジュース 15ml／シェイク／カクテルグラス

アラウンド ザ ワールド　Around The World
ジン 40ml、グリーン ミント リキュール 10ml、パイナップルジュース 10ml／ミントチェリー 1個／シェイク／カクテルグラス

アラスカ　Alaska
ジン 45ml、シャルトリューズ ジョーヌ（イエロー） 15ml／シェイクまたはステア／カクテルグラス

ヴェスパー　Vesper
ジン（ゴードン） 90ml、ウォッカ 30ml、キナリレ 15ml／レモンピール 1片／シェイク／カクテルグラス

オレンジ ブロッサム　Orange Blossom
ジン 40ml、オレンジジュース 20ml／シェイク／カクテルグラス

カルーソー　Caruso
ジン 30ml、ドライベルモット 15ml、クレームドミント（グリーン） 15ml／ステア／カクテルグラス

ギブソン　Gibson
ジン 50ml、ドライベルモット 10ml／パールオニオン 1個(好みでレモンピール)／ステア／カクテルグラス

ギムレット　Gimlet
ジン 45ml、ライムジュース 15ml、シンプルシロップ 1tsp／シェイク／カクテルグラス

クラリッジ　Claridge
ジン 20ml、ドライベルモット 20ml、アプリコットブランデー 10ml、コアントロー 10ml／シェイク／カクテルグラス

クローバー クラブ　Clover Club
ジン 30〜45ml、グレナデンシロップ 15ml、ライムまたはレモンジュース 15ml、卵白 1個分／シェイク／ソーサー型シャンパングラス

コープス リバイバー No.2　Corpse Reviver No.2
ジン、コアントロー、キナリレ、レモンジュース 各15ml、アブサン 1dash／シェイク／カクテルグラス

サウス サイド　South Side
ジン 45ml、ライムまたはレモンジュース 20〜25ml、シンプルシロップ 5〜15ml、ミント 適量／シェイク／カクテルグラス

ザザ　Zaza

ジン 30〜45ml、デュボネ 15〜30ml、オレンジビターズまたはアンゴスチュラビターズ 1dash ／ ステアまたはシェイク ／ カクテルグラス

シルバー ブレット　Silver Bullet

ジン 30ml、キュンメル 15ml、レモンジュース 15ml ／ シェイク ／ カクテルグラス

シンガポール スリング　Singapore Sling

(ラッフルズホテル版)

ジン 30ml、チェリーリキュール 15ml、コアントロー 1tsp、ベネディクティンDOM 1tsp、パイナップルジュース 120ml、ライムジュース 15ml、グレナデンシロップ 2tsp、アンゴスチュラ ビターズ 1dash ／ パイナップル 1片、マラスキーノチェリー 1個 ／ シェイク ／ タンブラー

ジン アンド イット　Gin & It

ジン 30ml、スイートベルモット 30ml ／ ビルド ／ カクテルグラス

ジン クラスタ　Gin Crusta

ジン 45〜60ml、マラスキーノ 1tsp、レモンジュース 1tsp、アンゴスチュラ ビターズ 1dash ／ 砂糖 適量、レモンの皮 (らせん剥き) 1個分 ／ シェイク ／ ワイングラス

※上記のレモンジュースが15mlで、コアントローを15ml追加したレシピもある。

ジン デイジー　Gin Daisy

ジン 45ml、レモンジュース 20ml、グレナデンシロップ 2tsp〜10ml ／ スライスレモン 1枚、ミント 適量 ／ シェイク ／ ゴブレット

ジントニック　Gin & Tonic

ジン 30〜45ml、トニックウォーター 適量 ／ カットライム (またはカットレモン) 1/6個 ／ ビルド ／ タンブラー

ジン バジル スマッシュ　Gin Basil Smash

ジン 60ml、バジル 2〜3枝、レモンジュース 25ml、シンプルシロップ 20ml ／ バジル 1枝 ／ シェイク ／ ロックグラス

ジン バック　Gin Buck

ジン 45ml、ライムまたはレモンジュース 10〜15ml、ジンジャーエール 適量 ／ カットライムまたはカットレモン 1/6個 ／ ビルド ／ タンブラー

ジン フィズ　Gin Fizz

ジン 45ml、レモンジュース 20ml、砂糖 2tsp、ソーダ 適量 ／ ビルド ／ タンブラー

ジン ライム　Gin & Lime

ジン 45ml、ライムジュース 15ml ／ ビルド ／ ロックグラス

ジン リッキー　Gin Rickey

ジン 45ml、ライム 1/2個、ソーダ 適量 ／ ビルド ／ タンブラー

スプリング フィーリング　Spring Feeling

ジン 30ml、シャルトリューズ ヴェール (グリーン) 15ml、レモンジュース 15ml ／ シェイク ／ カクテルグラス

ソルト レイク シティ　Salt Lake City

ジン 45ml、レモンジュース 20ml、塩 少量、ソーダ 適量 ／ シェイク (ソーダ以外) ／ タンブラー

ダーティー マティーニ　Dirty Martini

ジン 60ml、オリーブの浸漬ジュース 1tsp ／オリーブ 2個／シェイク／カクテルグラス
※ドライベルモット15mlを入れる場合もある。

トム コリンズ　Tom Collins

オールドトムジン 45ml、レモンジュース 20ml、シンプルシロップ 2tsp、ソーダ 適量／スライスレモン 1枚、マラスキーノチェリー 1個／ビルド／コリンズグラス

ネグローニ　Negroni

ジン、スイートベルモット、カンパリ 各20ml ／オレンジスライス 1枚またはオレンジピール 1片／ビルド／オールドファッションドグラス

パラダイス　Paradise

ジン 30ml、アプリコットブランデー 15ml、オレンジジュース 15ml ／シェイク／カクテルグラス

パリジャン　Parisian

ジン、ドライベルモット、クレーム ド カシス 各20ml ／シェイクまたはステア／カクテルグラス

ハンキー パンキー　Hanky Panky

ジン 30ml、スイートベルモット 30ml、フェルネットブランカ 5ml ／オレンジピール 1片／シェイク／カクテルグラス

ビーズ ニーズ　Bee's Knees

ジン 48ml、レモンジュース 12ml、蜂蜜 1tsp ／シェイク／カクテルグラス

フランシス アルバート　Francis Albert

ジン (タンカレー)、ウイスキー (ワイルドターキー8年) 各30ml ／ステア／カクテルグラス

ブランブル　Bramble

ジン 45〜60ml、レモンジュース 22.5ml、シンプルシロップ 7.5〜15ml、クレーム ド ミュール (ブラックベリーリキュール) 15〜22.5ml ／ビルド／ロックグラス

フレンチ75　French75

ジン 45ml、レモンジュース 20ml、砂糖 1tsp、シャンパン 適量／シェイク (シャンパン以外) ／フルート型シャンパングラス

ブルー ムーン　Blue Moon

ジン 30ml、パルフェタムール 15ml、レモンジュース 15ml ／レモンピール 1片／シェイク／カクテルグラス

ブロンクス　Bronx

ジン 30ml、ドライベルモット 10ml、スイートベルモット 10ml、オレンジジュース 10ml ／シェイク／カクテルグラス

ブロンクス テラス　Bronx Terrace

ジン 30ml、ドライベルモット 20ml、ライムジュース 10ml ／シェイク／カクテルグラス

ベネット　Bennett

ジン 45ml、ライムジュース 15ml、アンゴスチュラビターズ 2dashes ／シェイク／カクテルグラス
※シンプルシロップを入れる場合もある。

ホワイト レディ　White Lady

ジン 30ml、オレンジリキュール (コアントロー) 15ml、レモンジュース 15ml ／シェイク／カクテルグラス

マティーニ　Martini

ジン 45ml、ドライベルモット 15ml、オレンジビターズまたはアンゴスチュラ ビターズ 1dash ／レモンピール 1片、オリーブ 1個／ステア／カクテルグラス

マルチネス　Martinez

ジン 30～45ml、スイートベルモット 20～45ml、マラスキーノ 2～3dashes、アンゴスチュラ ビターズ 1～2dashes／レモンピール 1片／ステア／カクテルグラス

ミリオン ダラー　Million Dollar

ジン 35～45ml、スイートベルモット 10～15ml、パイナップルジュース 10～15ml、グレナデンシロップ 1tsp、卵白 1個分／パイナップル 1片／ソーサー型シャンパングラス

ヨコハマ　Yokohama

ジン 20ml、ウォッカ 10ml、オレンジジュース 20ml、グレナデンシロップ 10ml、ペルノ 1dash／シェイク／カクテルグラス

ラスト ワード　Last Word

ジン、シャルトリューズ ヴェール (グリーン)、マラスキーノ、ライムジュース 各15ml／シェイク／カクテルグラス

ルシアン　Russian

ウォッカ、ジン、クレーム ド カカオ 各20ml／シェイク／カクテルグラス

いしかわ あさこ

東京都出身。ウイスキー専門誌『Whisky World』の編集を経て、バーとカクテルの専門ライターに。編・著書に『The Art of Advanced Cocktail　最先端カクテルの技術』『Standard Cocktails With a Twist　スタンダードカクテルの再構築』(旭屋出版)『重鎮バーテンダーが紡ぐスタンダード・カクテル』『バーへ行こう』『ウイスキー ハイボール大全』『モクテル & ローアルコールカクテル』(スタジオタッククリエイティブ) がある。2019年、ドキュメンタリー映画『YUKIGUNI』にアドバイザーとして参加。趣味はタップダンスと落語、愛犬の名前は"カリラ"。

Photographed by Hibiki

ジン カクテル
Gin Cocktails

2023年1月1日

STAFF

PUBLISHER
高橋清子　Kiyoko Takahashi

EDITOR
行木　誠　Makoto Nameki

DESIGNER
小島進也　Shinya Kojima

ADVERTISING STAFF
西下聡一郎　Souichiro Nishishita

AUTHOR
いしかわ あさこ　Asako Ishikawa

PHOTOGRAPHER
柴田雅人　Masato Shibata

Printing
中央精版印刷株式会社

PLANNING,EDITORIAL & PUBLISHING
(株)スタジオ タック クリエイティブ
〒151-0051 東京都渋谷区千駄ヶ谷3-23-10 若松ビル2階
STUDIO TAC CREATIVE CO.,LTD.
2F,3-23-10, SENDAGAYA SHIBUYA-KU,TOKYO 151-0051 JAPAN
[企画・編集・広告進行]
Telephone 03-5474-6200　Facsimile 03-5474-6202
[販売・営業]
Telephone & Facsimile 03-5474-6213
URL https://www.studio-tac.jp
E-mail stc@fd5.so-net.ne.jp

注 意

この本は2022年11月20日までの取材によって書かれています。この本ではカクテルの美味さやカクテルを飲む愉しさを紹介していますが、飲み過ぎると腎臓、肝臓、胃腸、喉頭、頭脳、精神等に不調をきたす場合がありますので、充分にご注意ください。写真や内容は一部、現在の実情と異なる場合があります。また、内容等の間違いにお気付きの場合は、改訂版にて修正いたしますので速やかにご連絡いただければ幸いです。
編集部

STUDIO TAC CREATIVE
(株)スタジオ タック クリエイティブ

ISBN 978-4-88393-980-0